EACH IMAGE IS PRESENTED TWICE PAIRED WITH A DRAWING GRID FOR THE STUDENT ARTIST

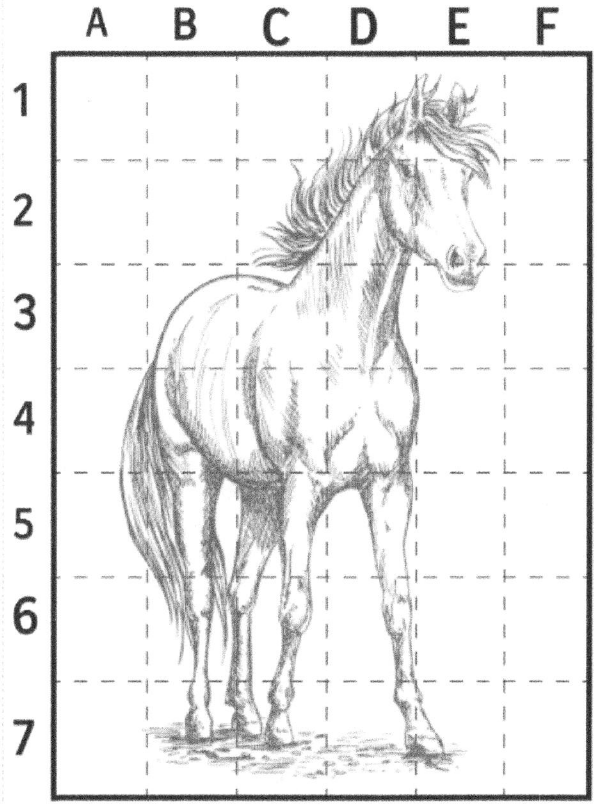

THIS BOOK BELONGS TO:

MODEL #1

	A	B	C	D	E	F
1						
2						
3						
4						
5						
6						
7						

MODEL #2

	A	B	C	D	E	F
1						
2						
3						
4						
5						
6						
7						

MODEL #1

	A	B	C	D	E	F
1						
2						
3						
4						
5						
6						
7						

MODEL #2

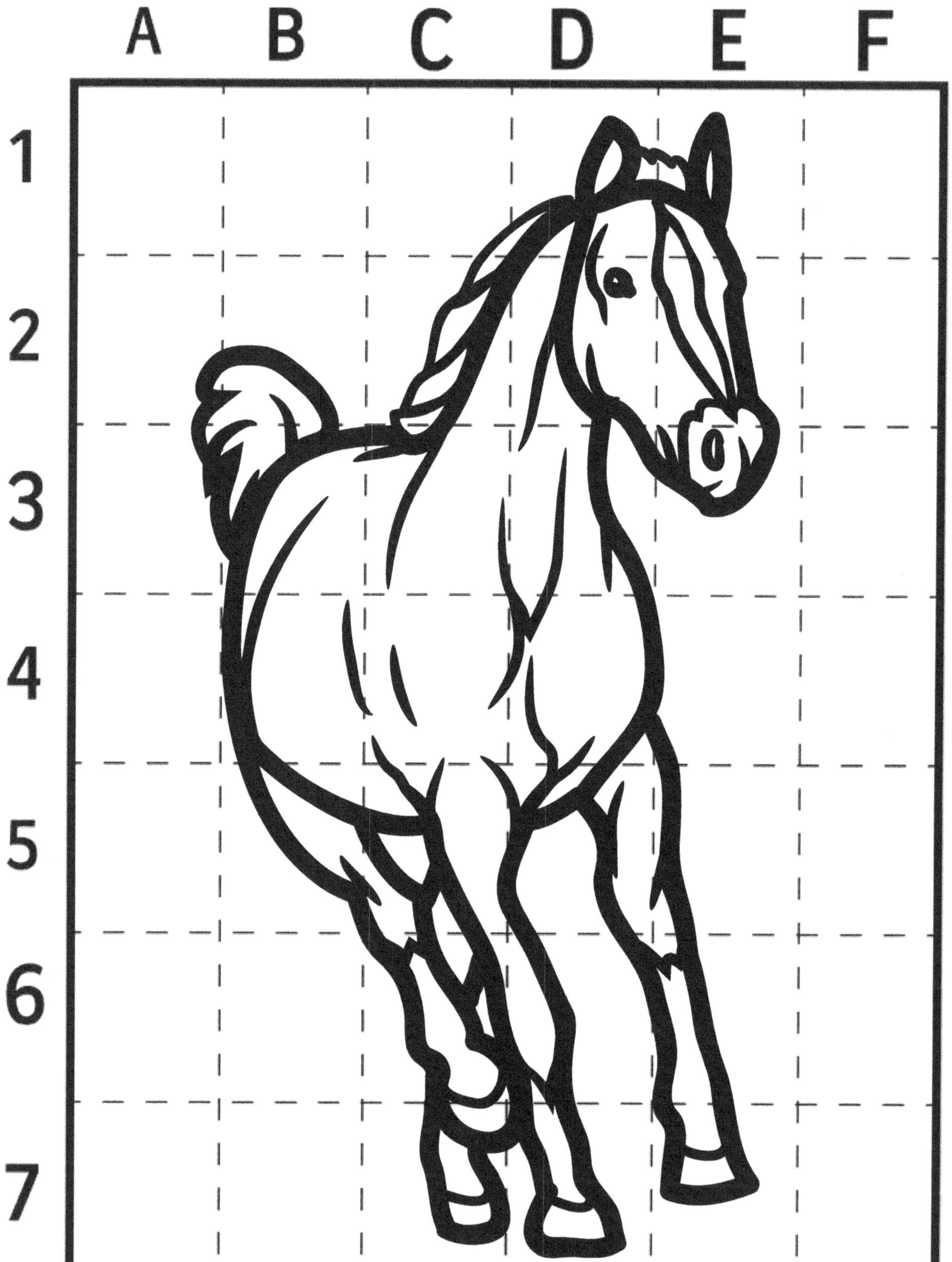

	A	B	C	D	E	F
1						
2						
3						
4						
5						
6						
7						

MODEL #1

	A	B	C	D	E	F
1						
2						
3						
4						
5						
6						
7						

MODEL #2

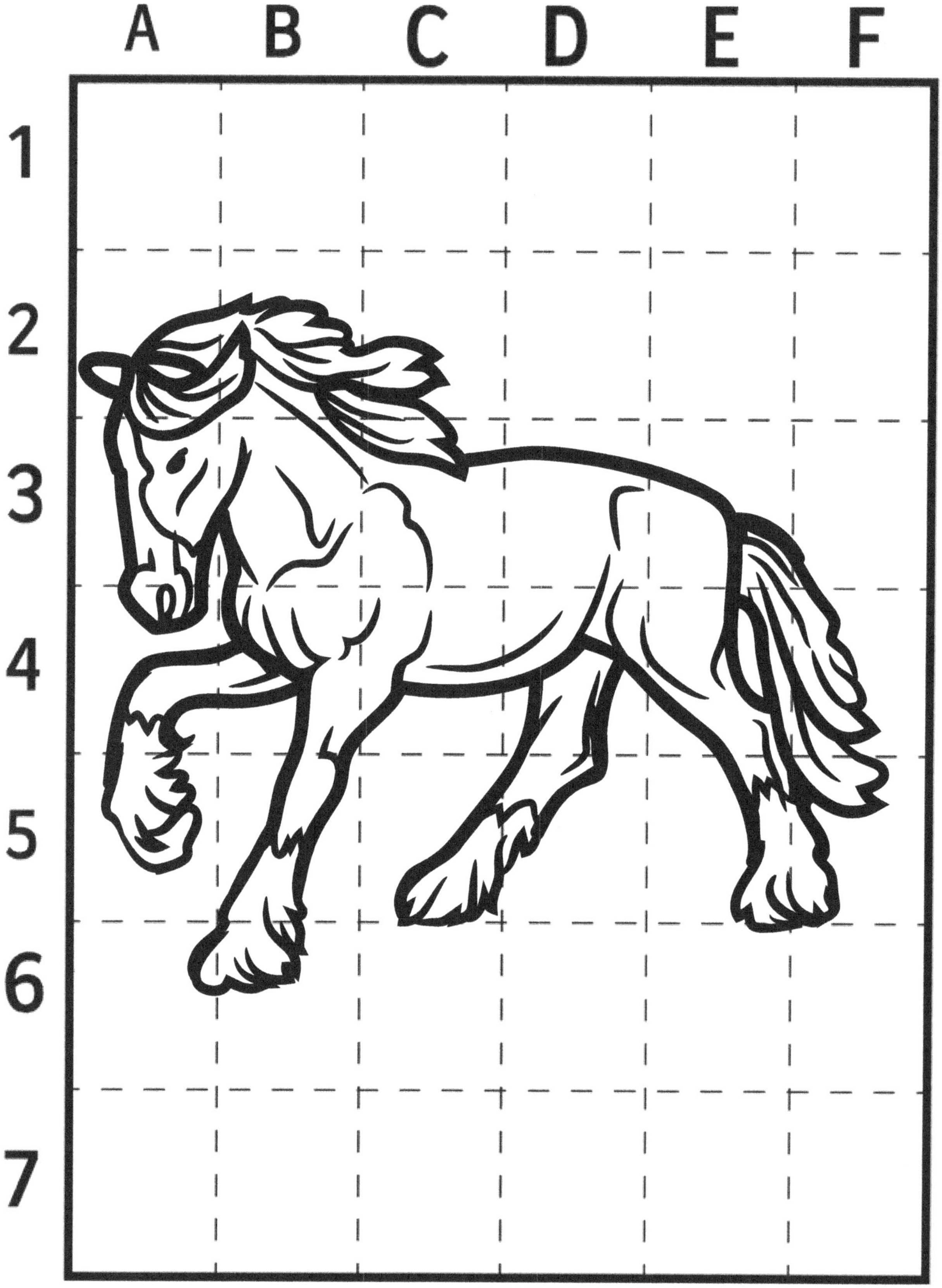

	A	B	C	D	E	F
1						
2						
3						
4						
5						
6						
7						

MODEL #1

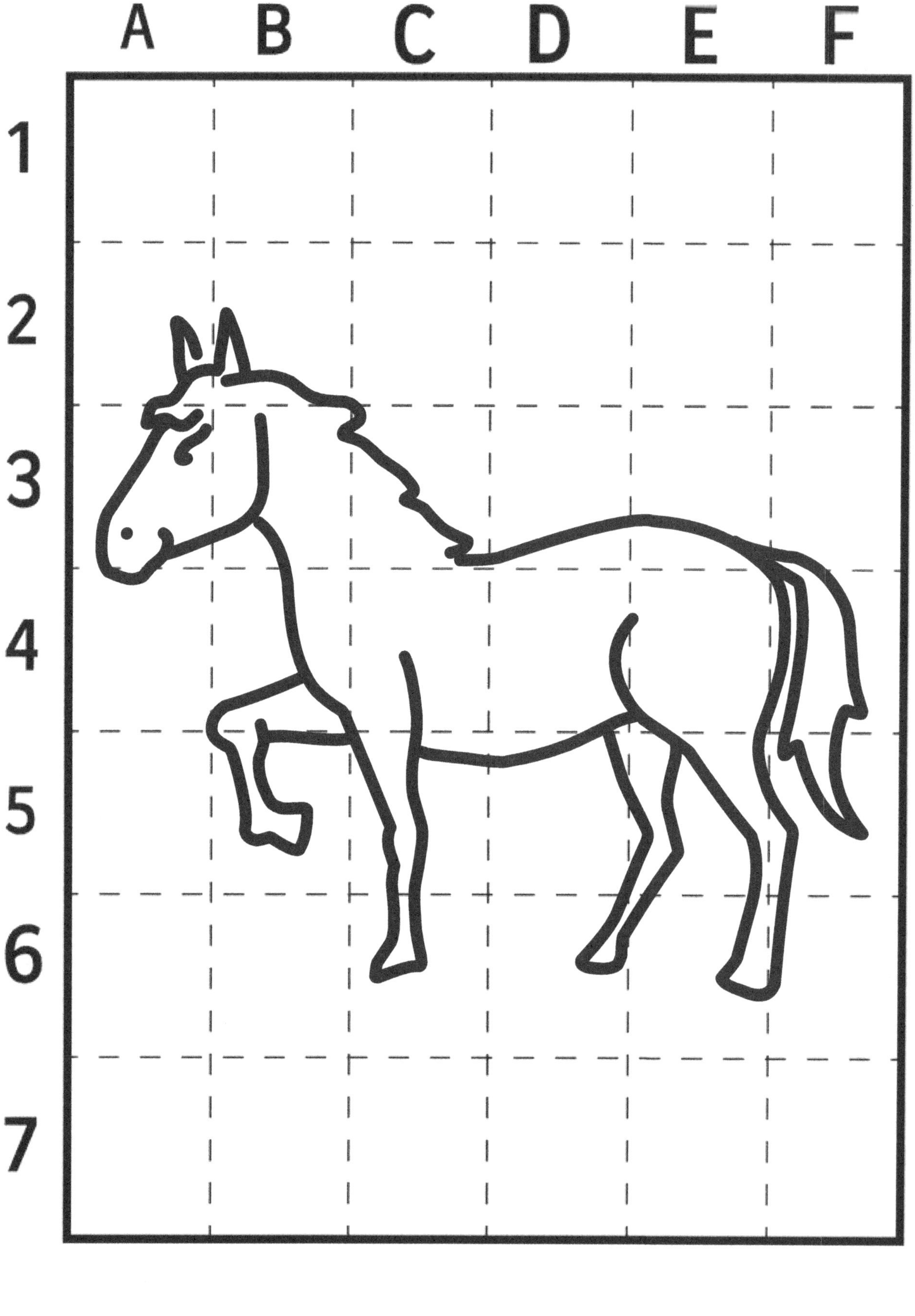

	A	B	C	D	E	F
1						
2						
3						
4						
5						
6						
7						

MODEL #2

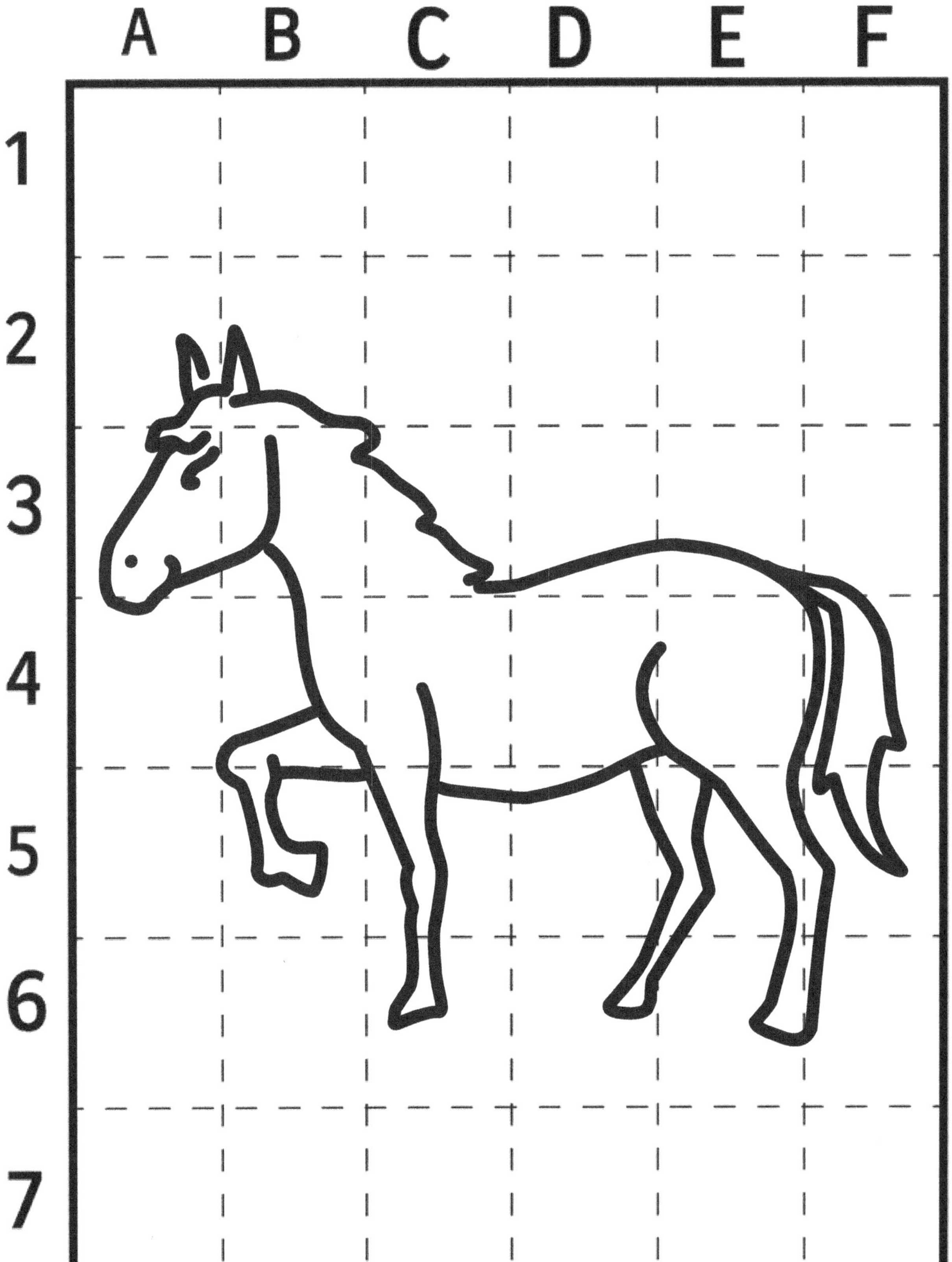

	A	B	C	D	E	F
1						
2						
3						
4						
5						
6						
7						

MODEL #1

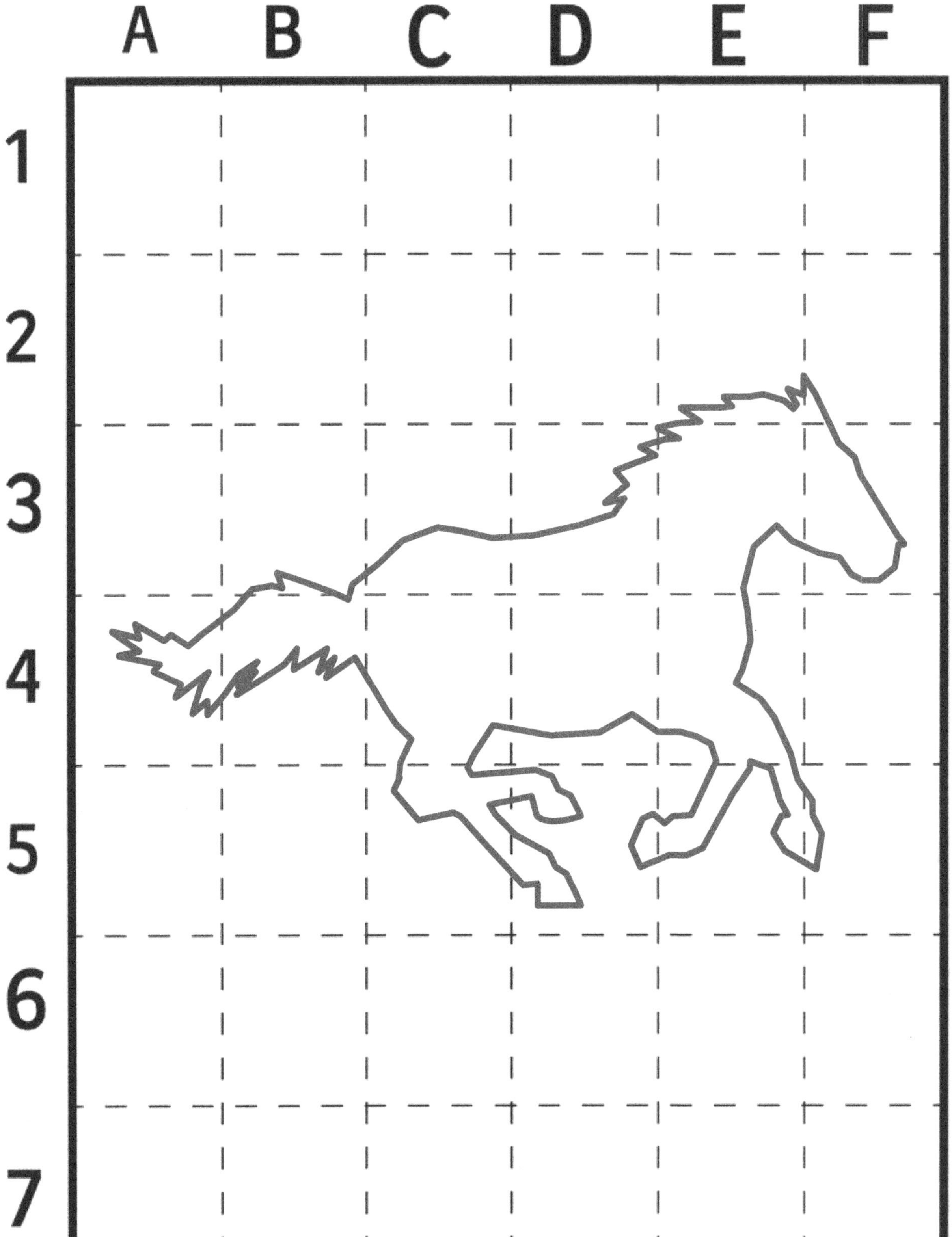

	A	B	C	D	E	F
1						
2						
3						
4						
5						
6						
7						

MODEL #2

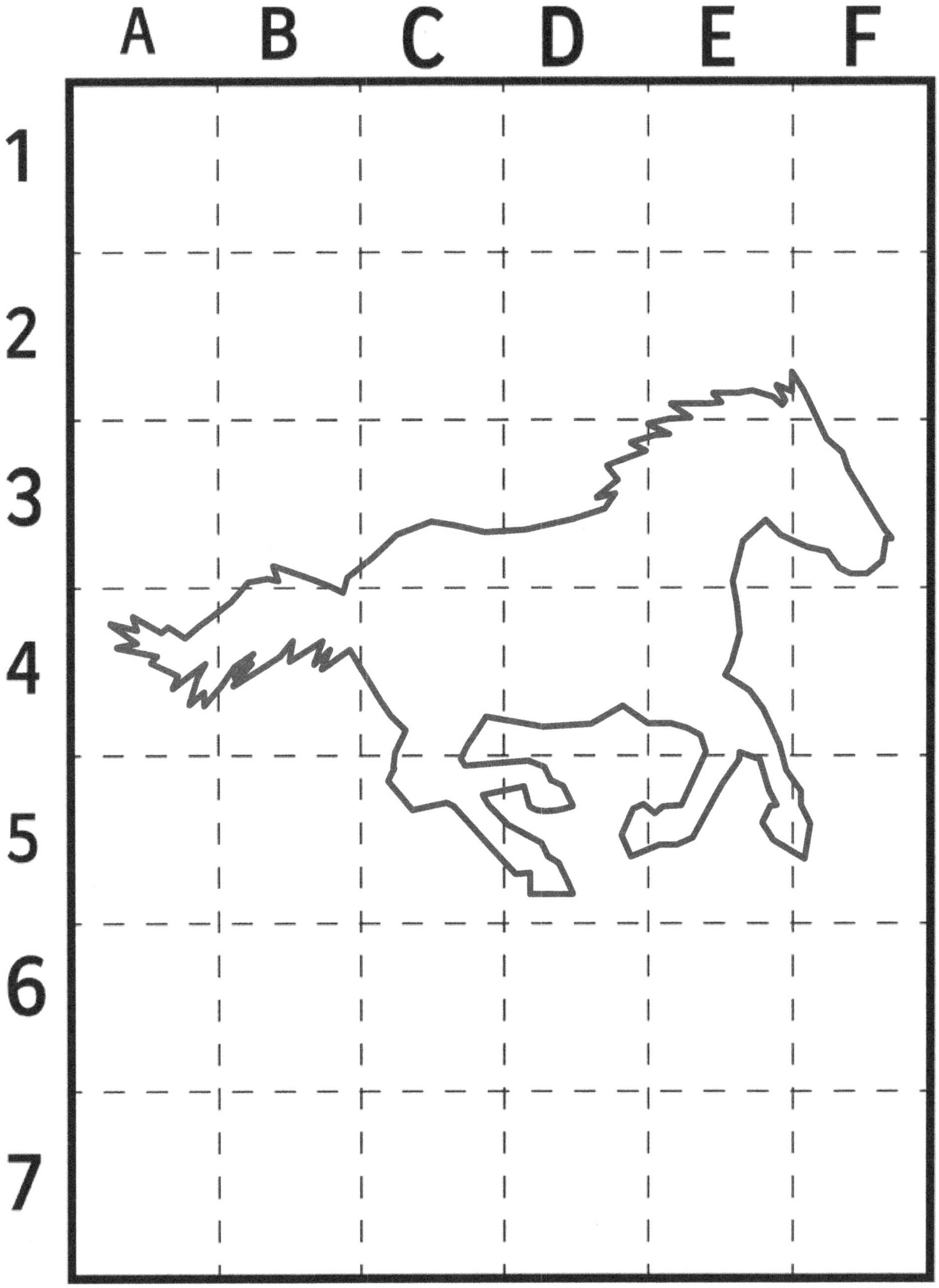

	A	B	C	D	E	F
1						
2						
3						
4						
5						
6						
7						

MODEL #1

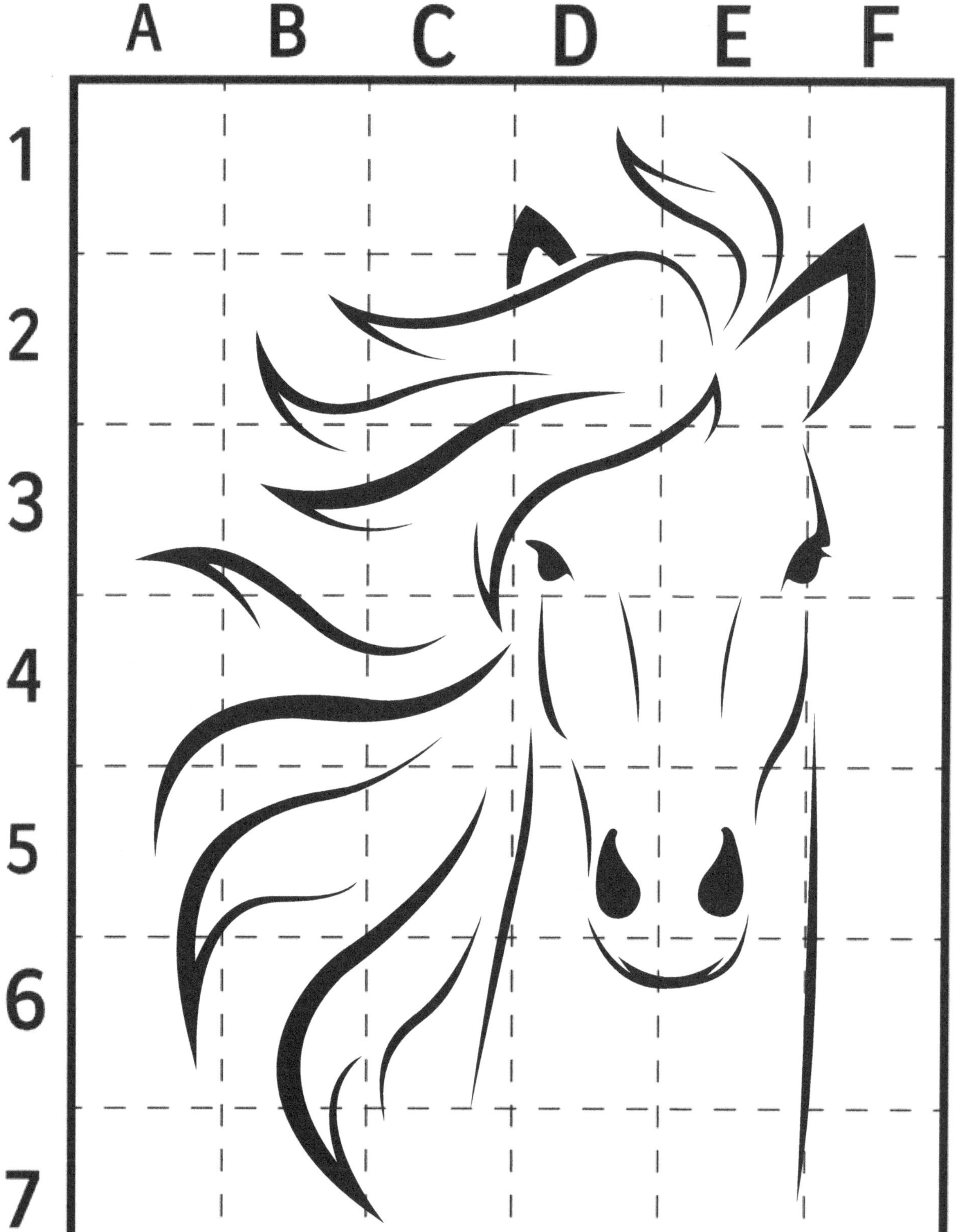

	A	B	C	D	E	F
1						
2						
3						
4						
5						
6						
7						

MODEL #2

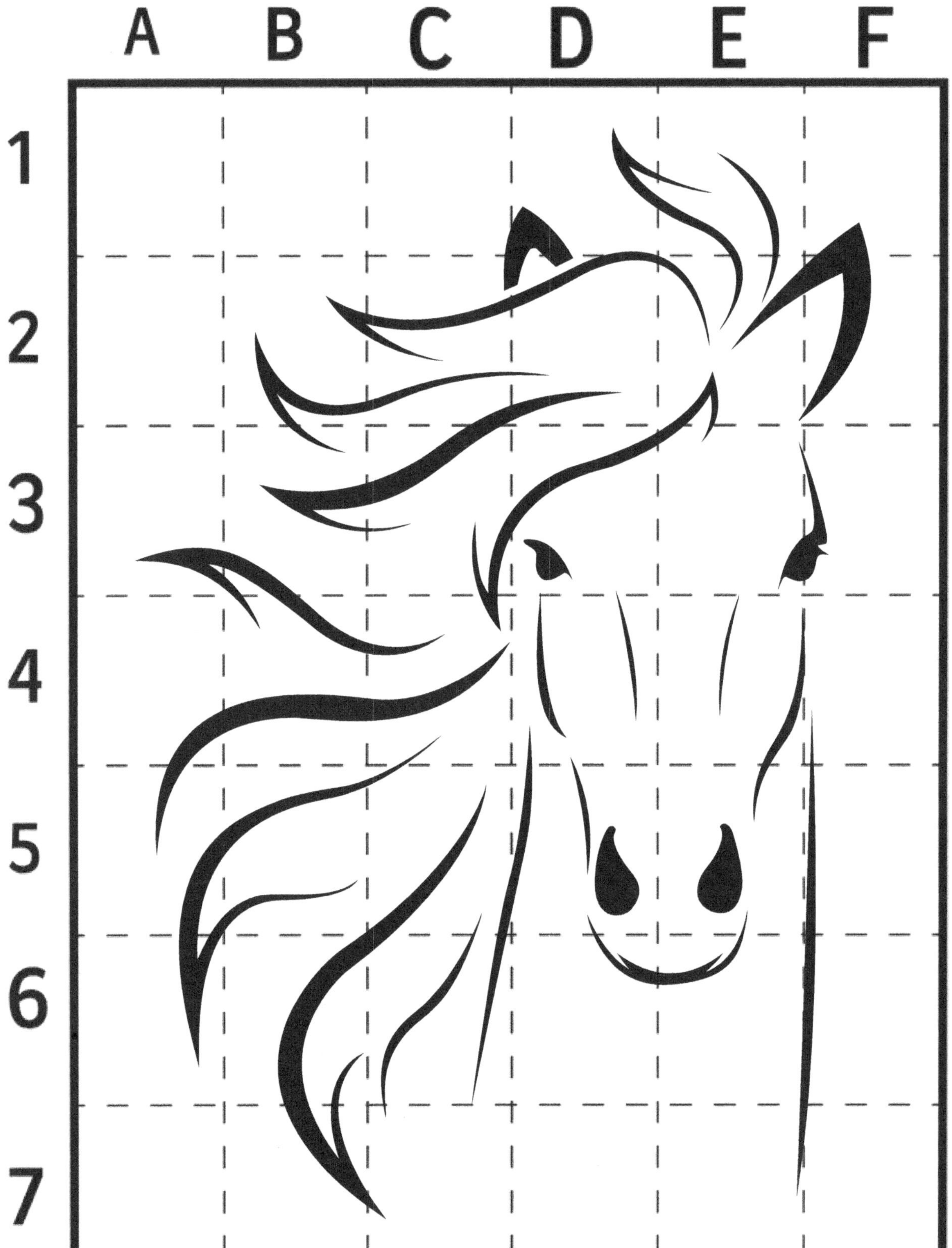

	A	B	C	D	E	F
1						
2						
3						
4						
5						
6						
7						

MODEL #1

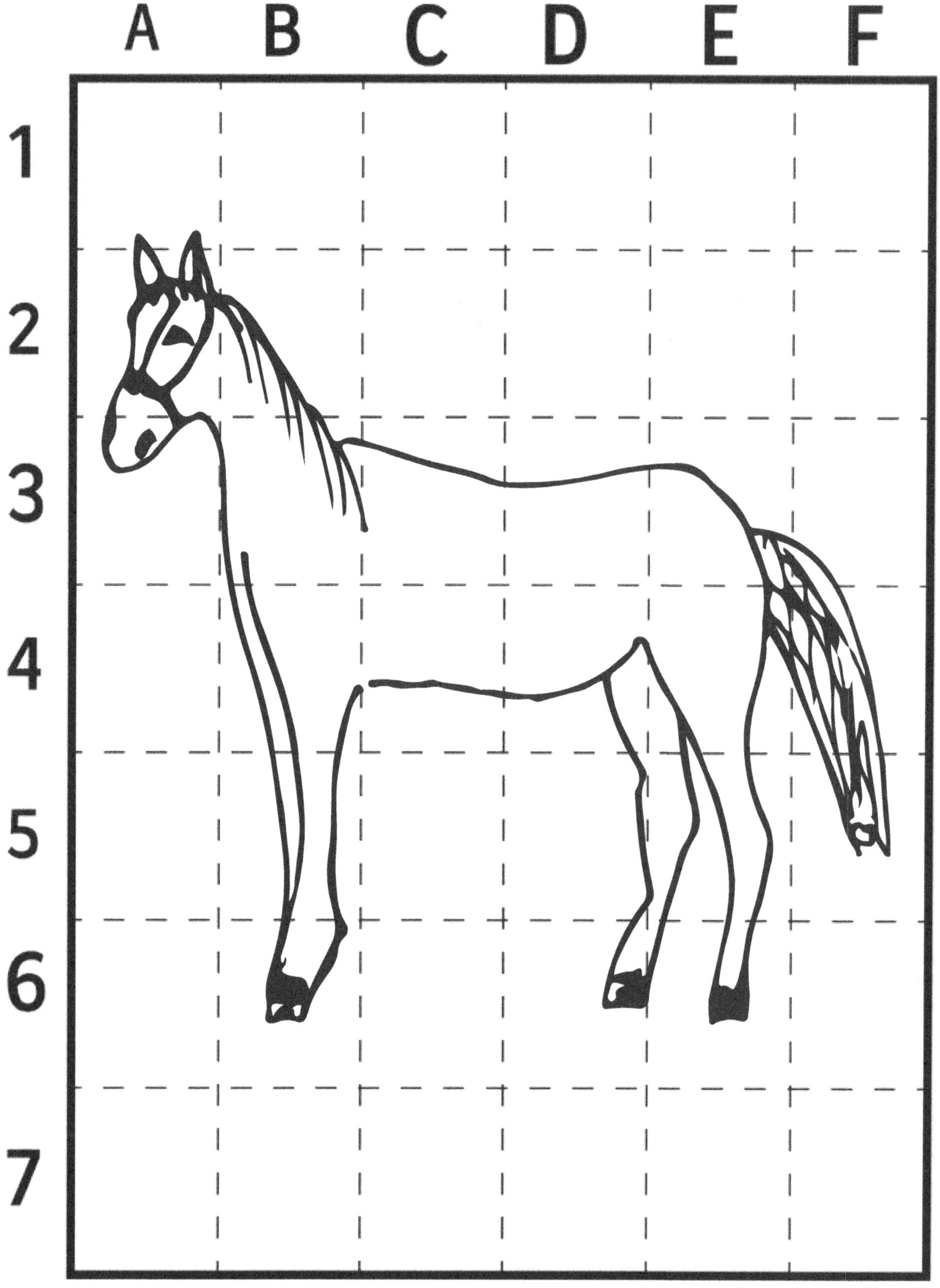

	A	B	C	D	E	F
1						
2						
3						
4						
5						
6						
7						

MODEL #2

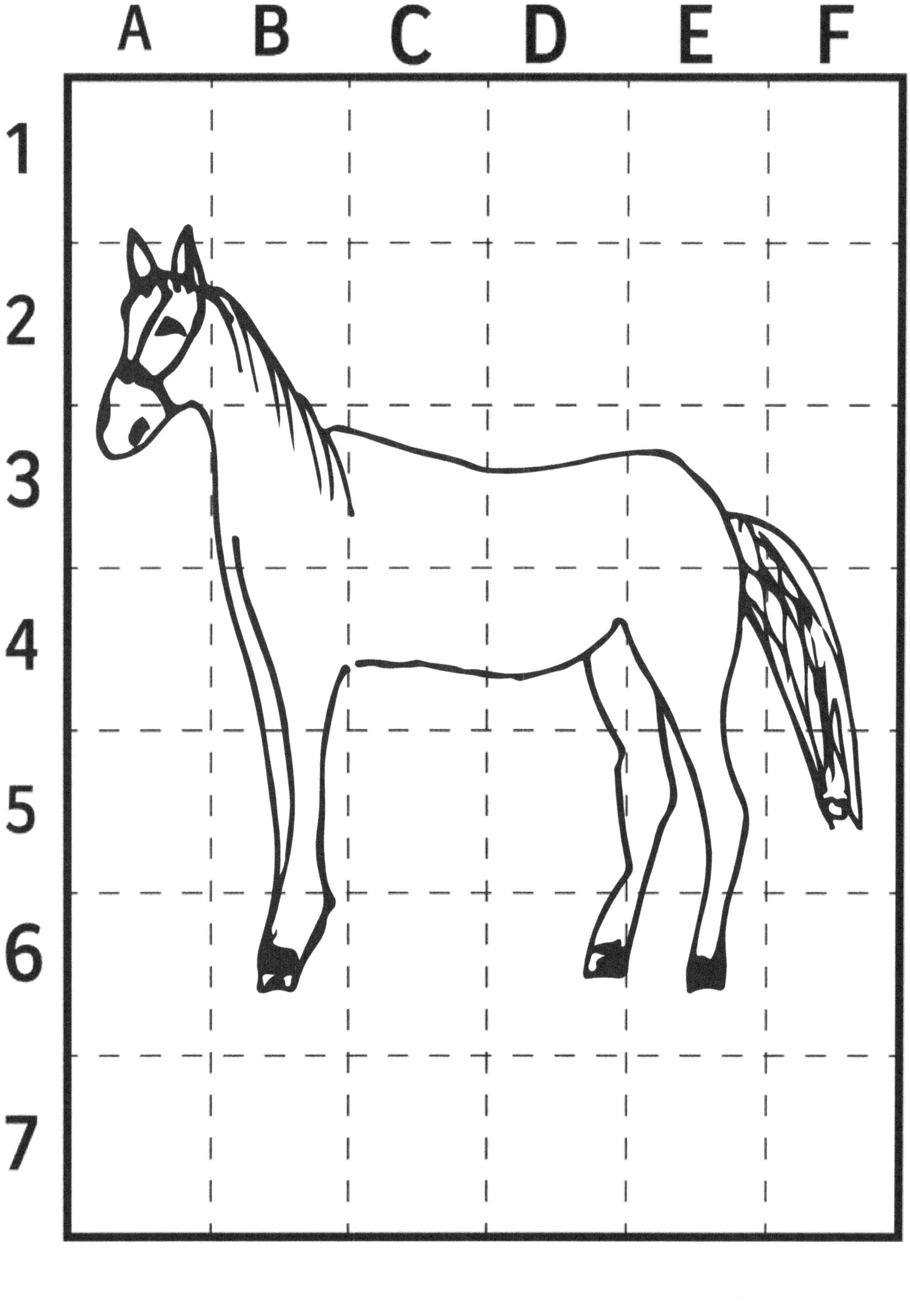

	A	B	C	D	E	F
1						
2						
3						
4						
5						
6						
7						

MODEL #1

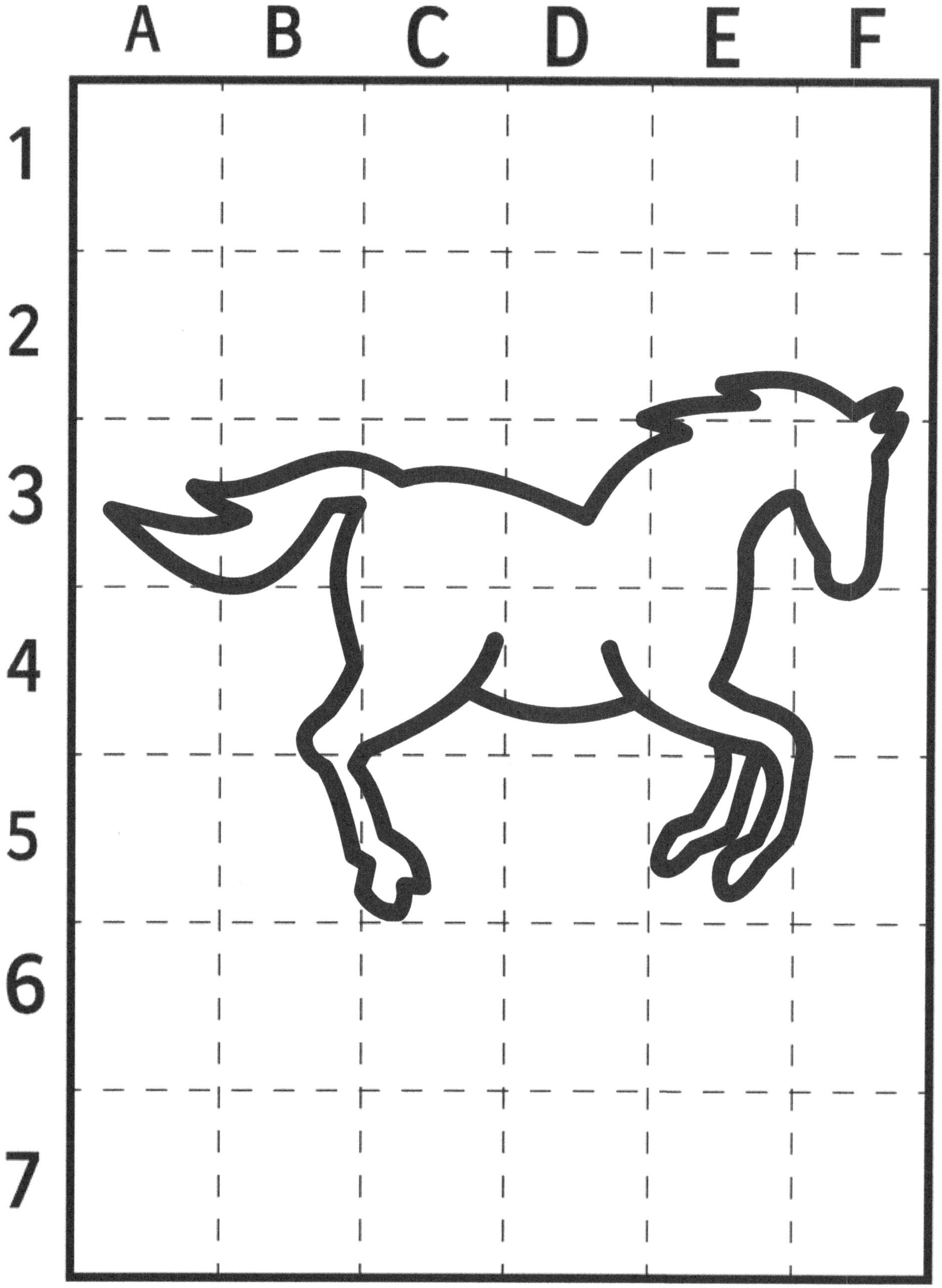

	A	B	C	D	E	F
1						
2						
3						
4						
5						
6						
7						

MODEL #2

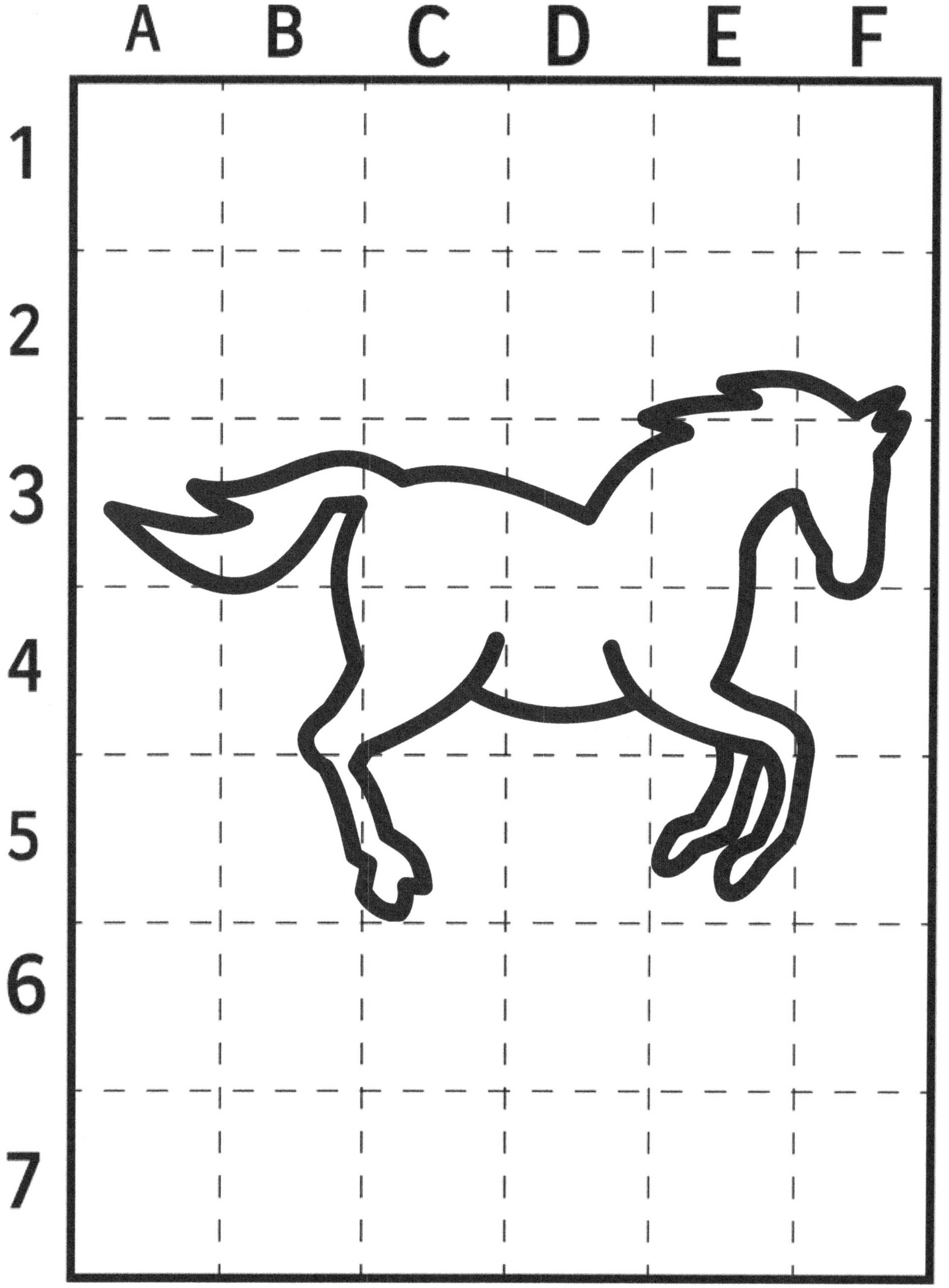

	A	B	C	D	E	F
1						
2						
3						
4						
5						
6						
7						

MODEL #1

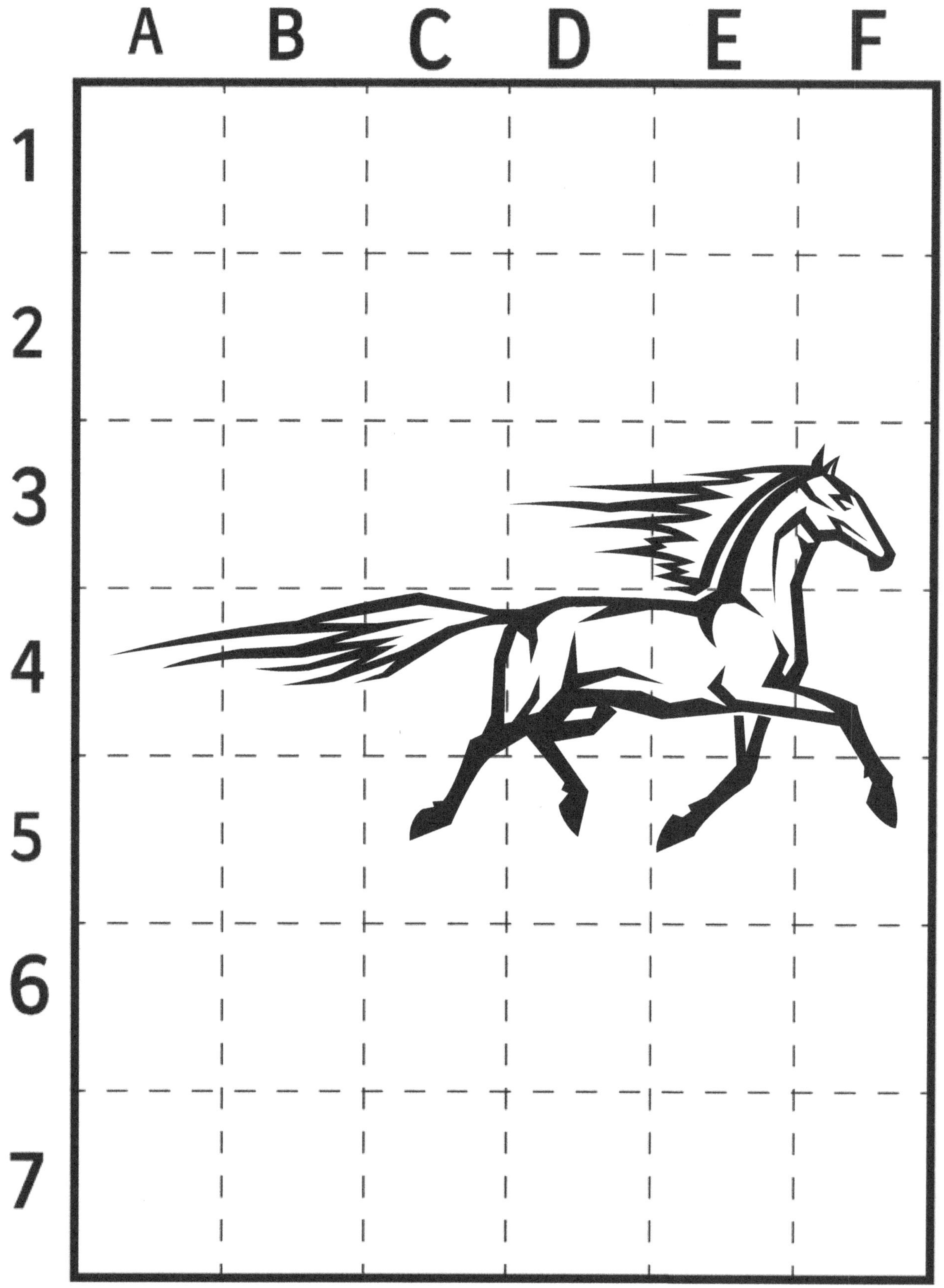

	A	B	C	D	E	F
1						
2						
3						
4						
5						
6						
7						

MODEL #2

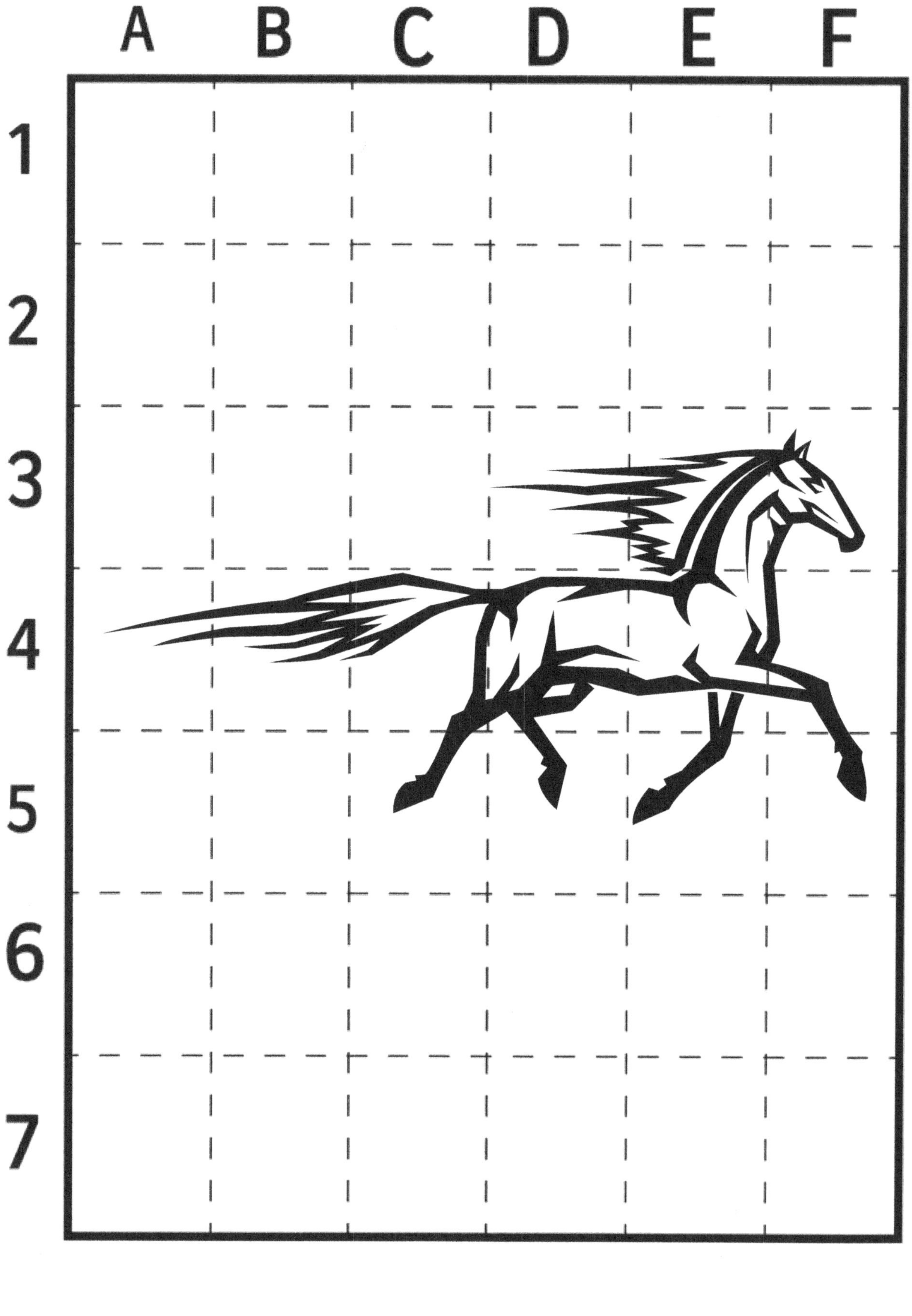

	A	B	C	D	E	F
1						
2						
3						
4						
5						
6						
7						

MODEL #1

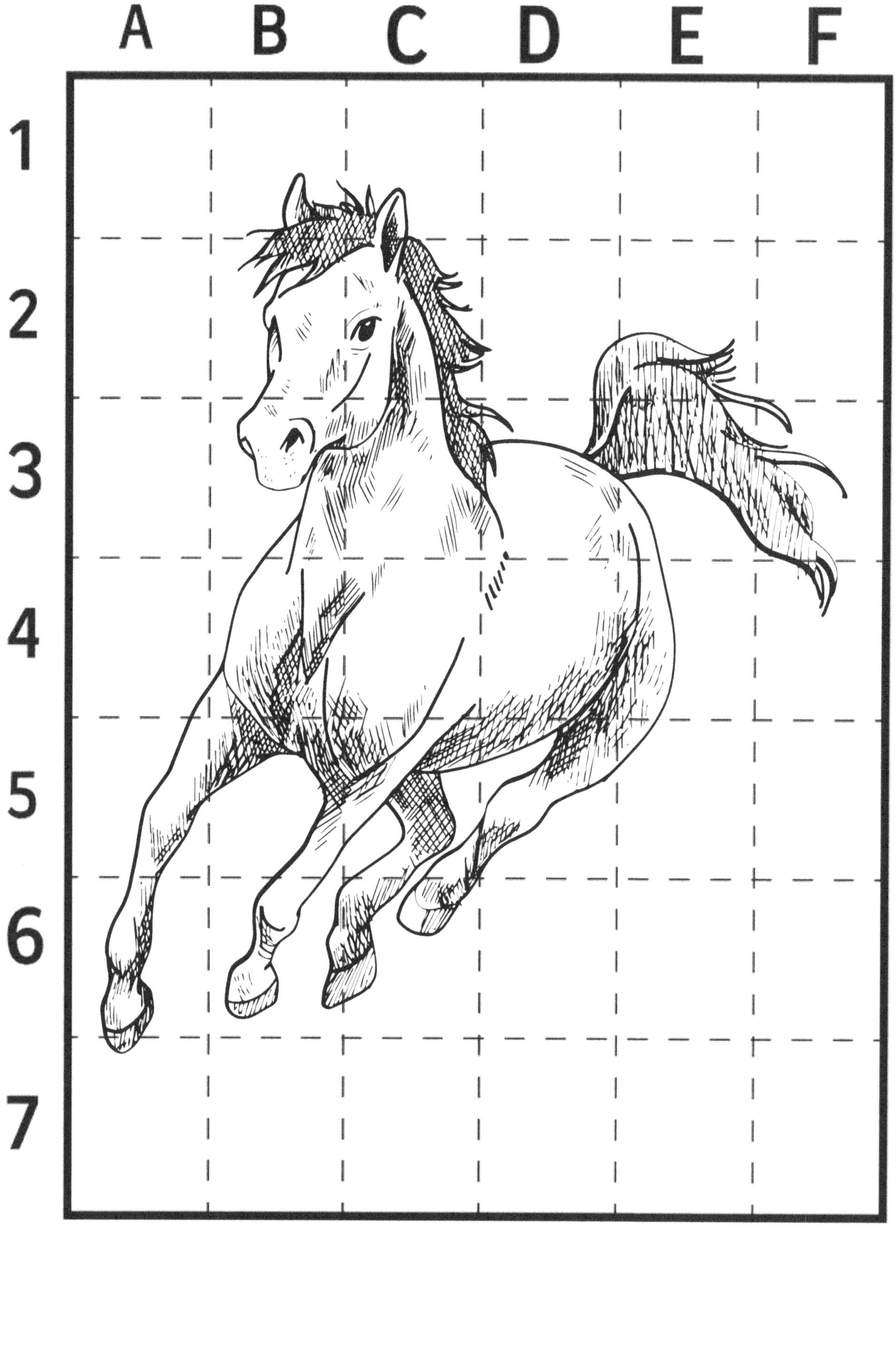

	A	B	C	D	E	F
1						
2						
3						
4						
5						
6						
7						

MODEL #2

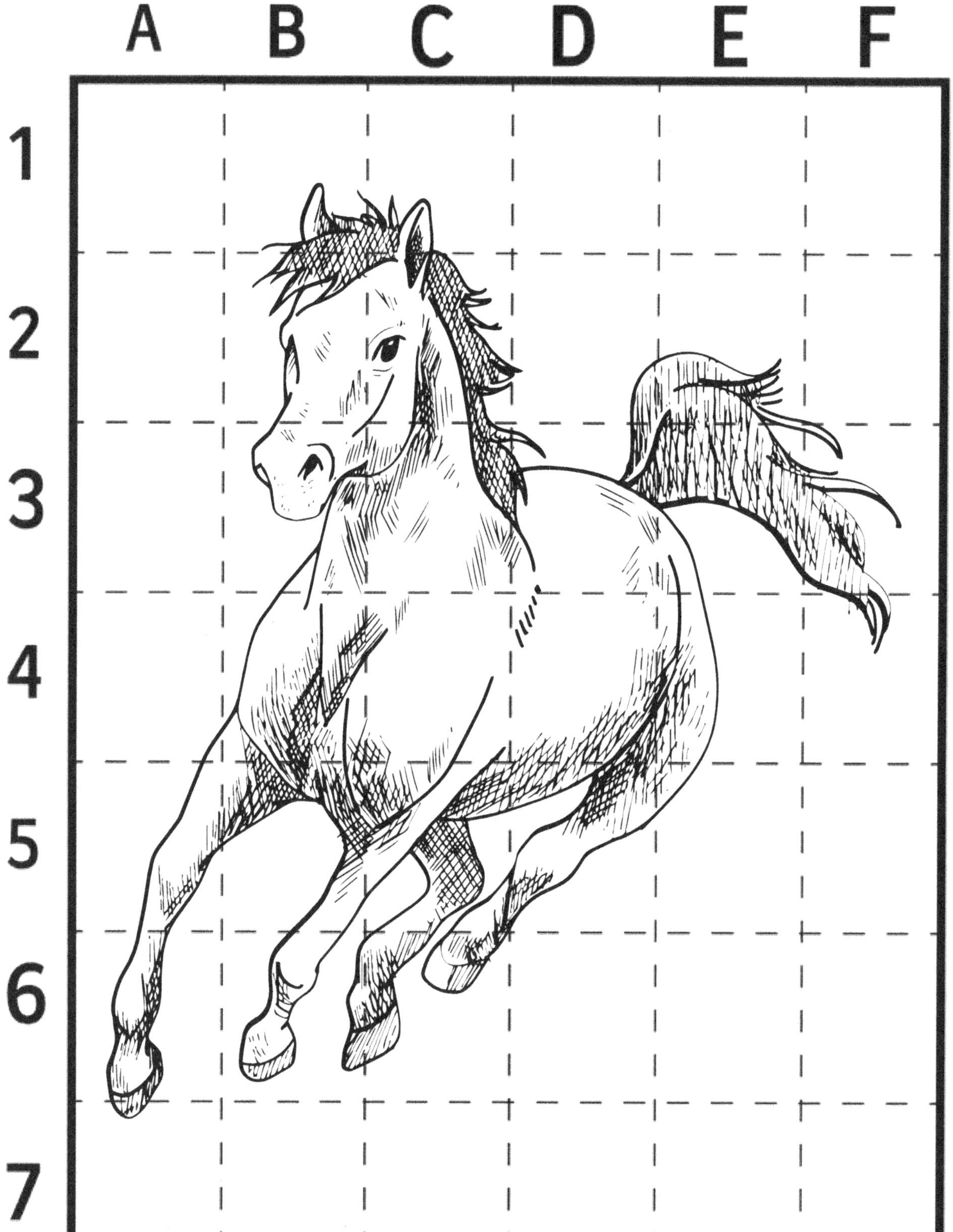

	A	B	C	D	E	F
1						
2						
3						
4						
5						
6						
7						

MODEL #1

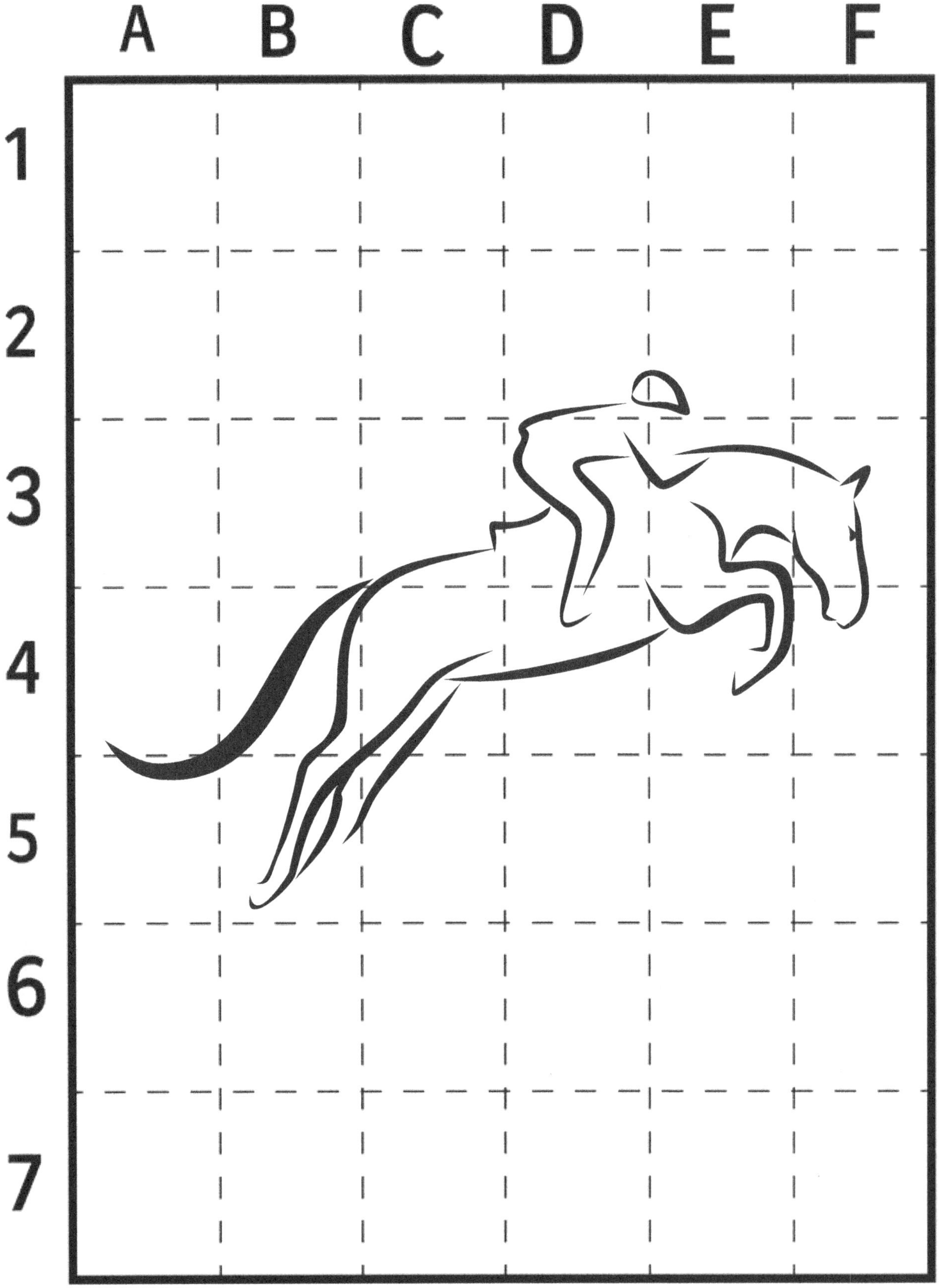

	A	B	C	D	E	F
1						
2						
3						
4						
5						
6						
7						

MODEL #2

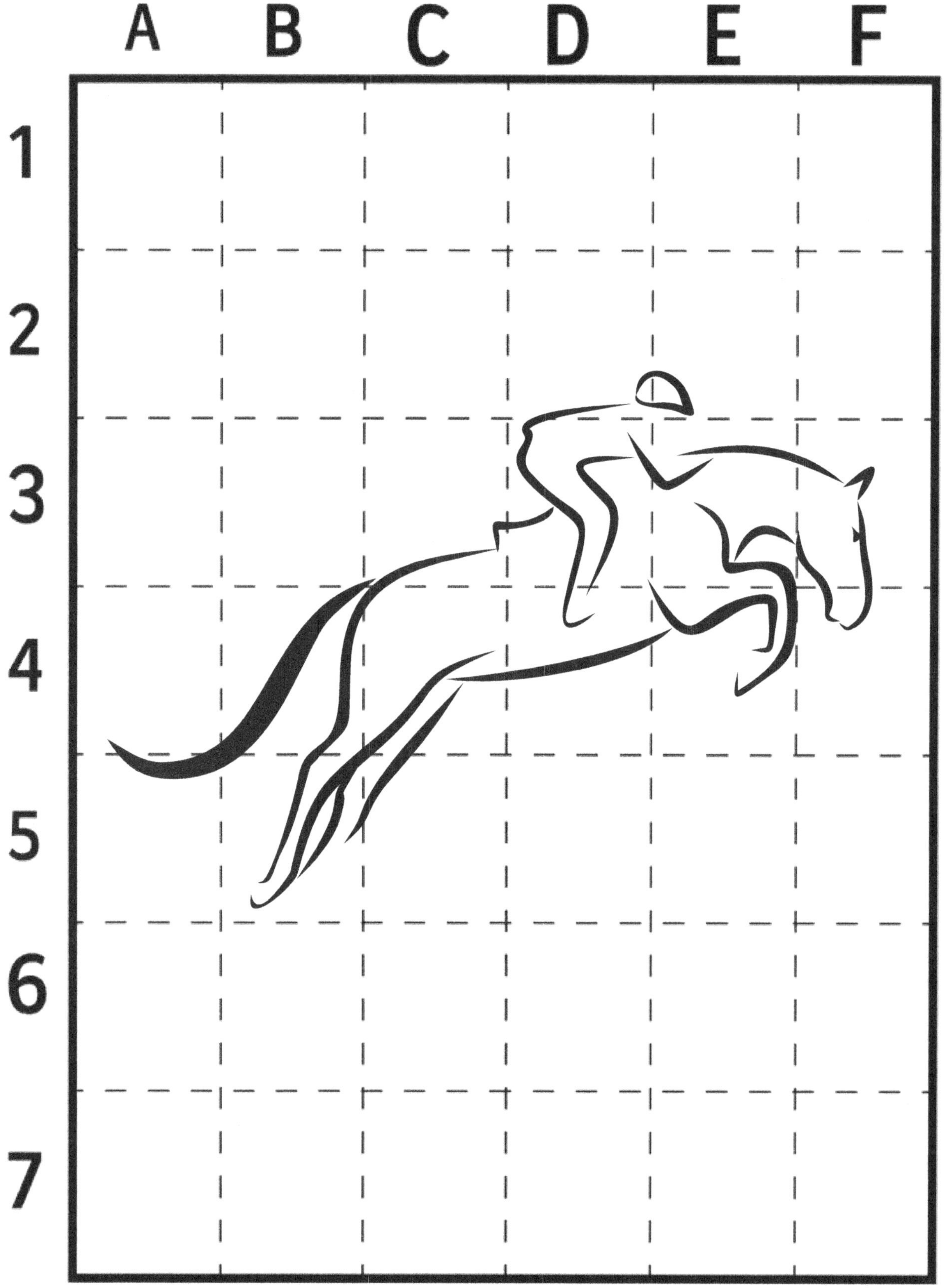

	A	B	C	D	E	F
1						
2						
3						
4						
5						
6						
7						

MODEL #1

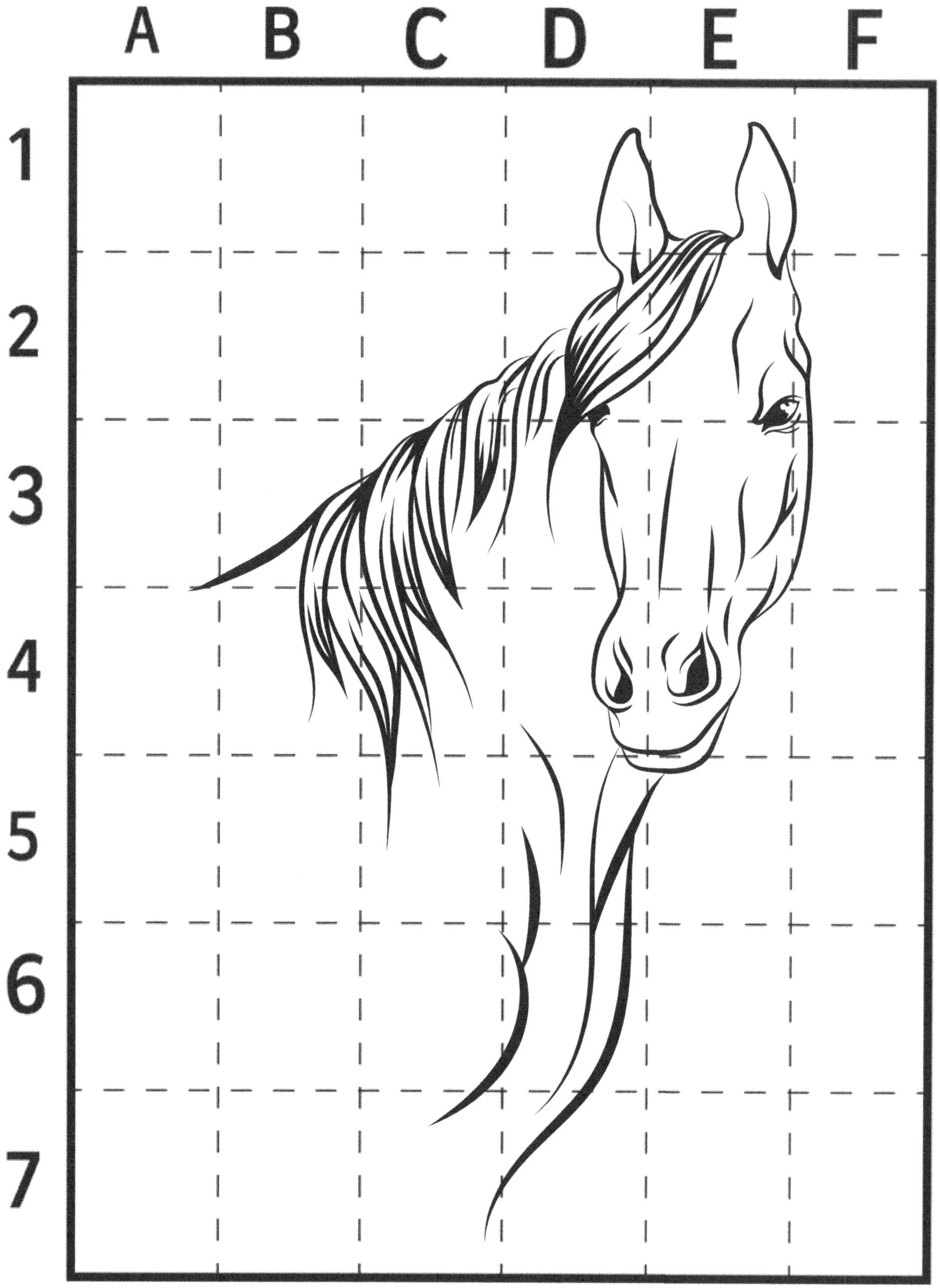

	A	B	C	D	E	F
1						
2						
3						
4						
5						
6						
7						

MODEL #2

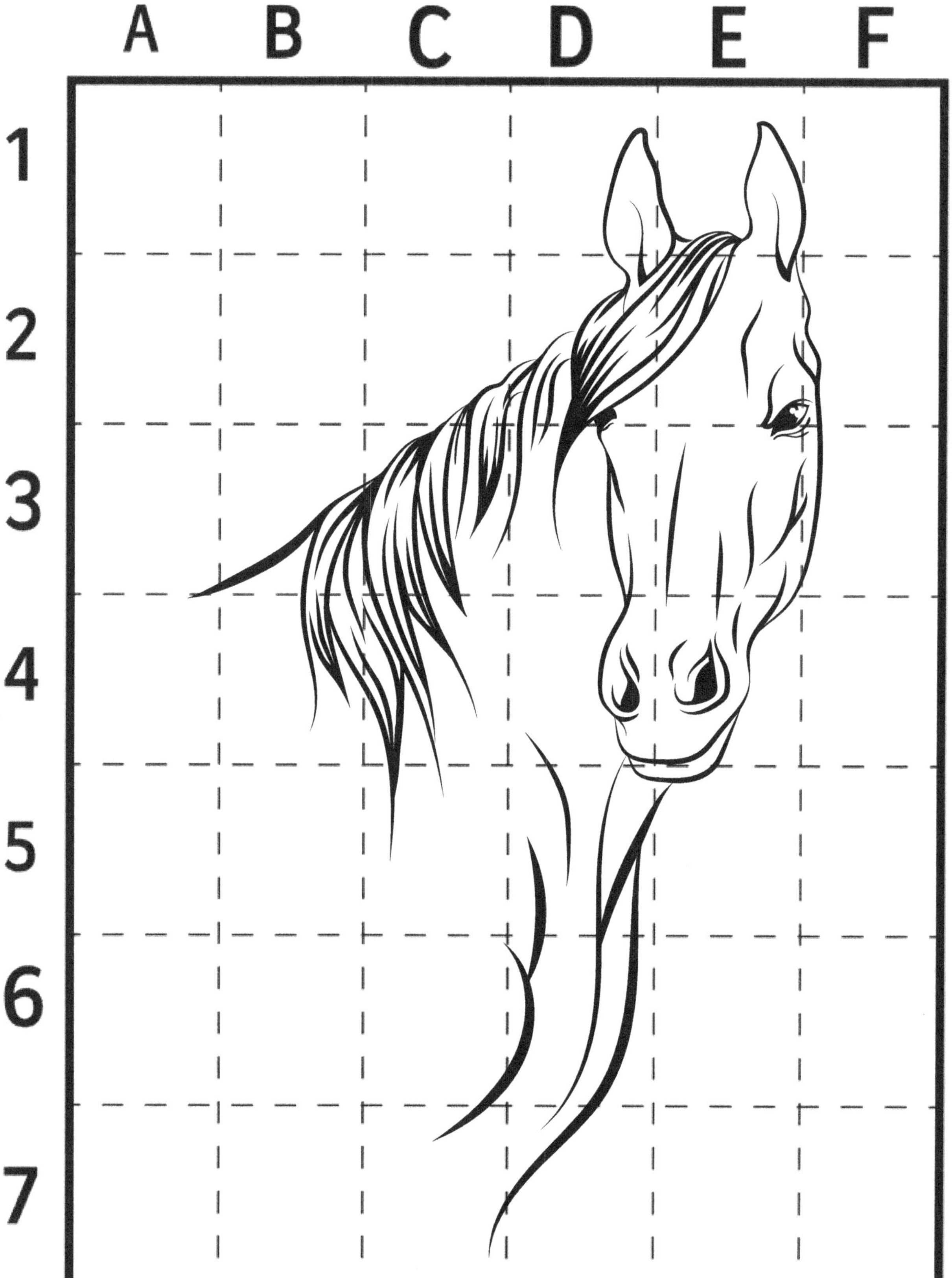

	A	B	C	D	E	F
1						
2						
3						
4						
5						
6						
7						

MODEL #1

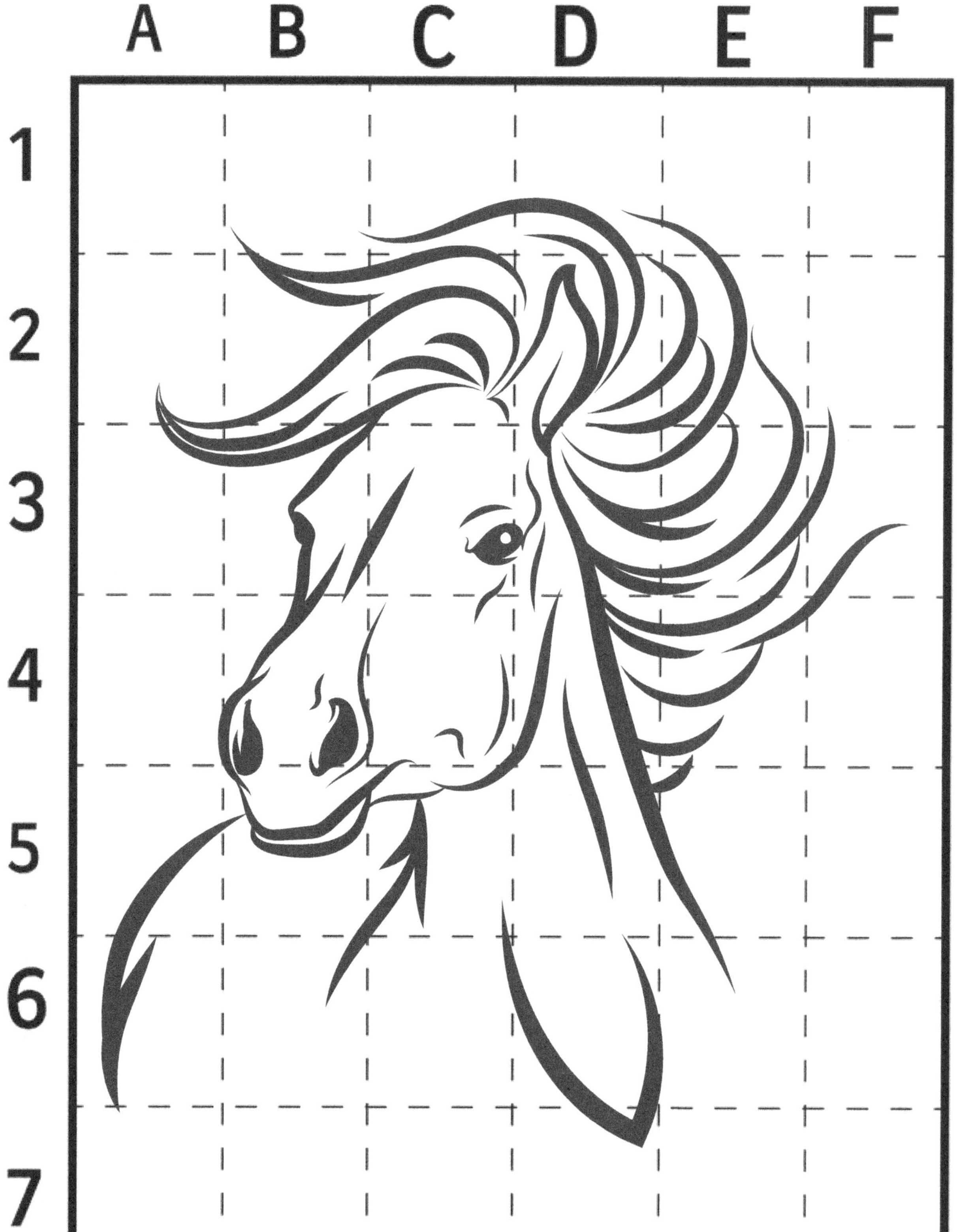

	A	B	C	D	E	F
1						
2						
3						
4						
5						
6						
7						

MODEL #2

	A	B	C	D	E	F
1						
2						
3						
4						
5						
6						
7						

MODEL #1

	A	B	C	D	E	F
1						
2						
3						
4						
5						
6						
7						

MODEL #2

	A	B	C	D	E	F
1						
2						
3						
4						
5						
6						
7						

MODEL #1

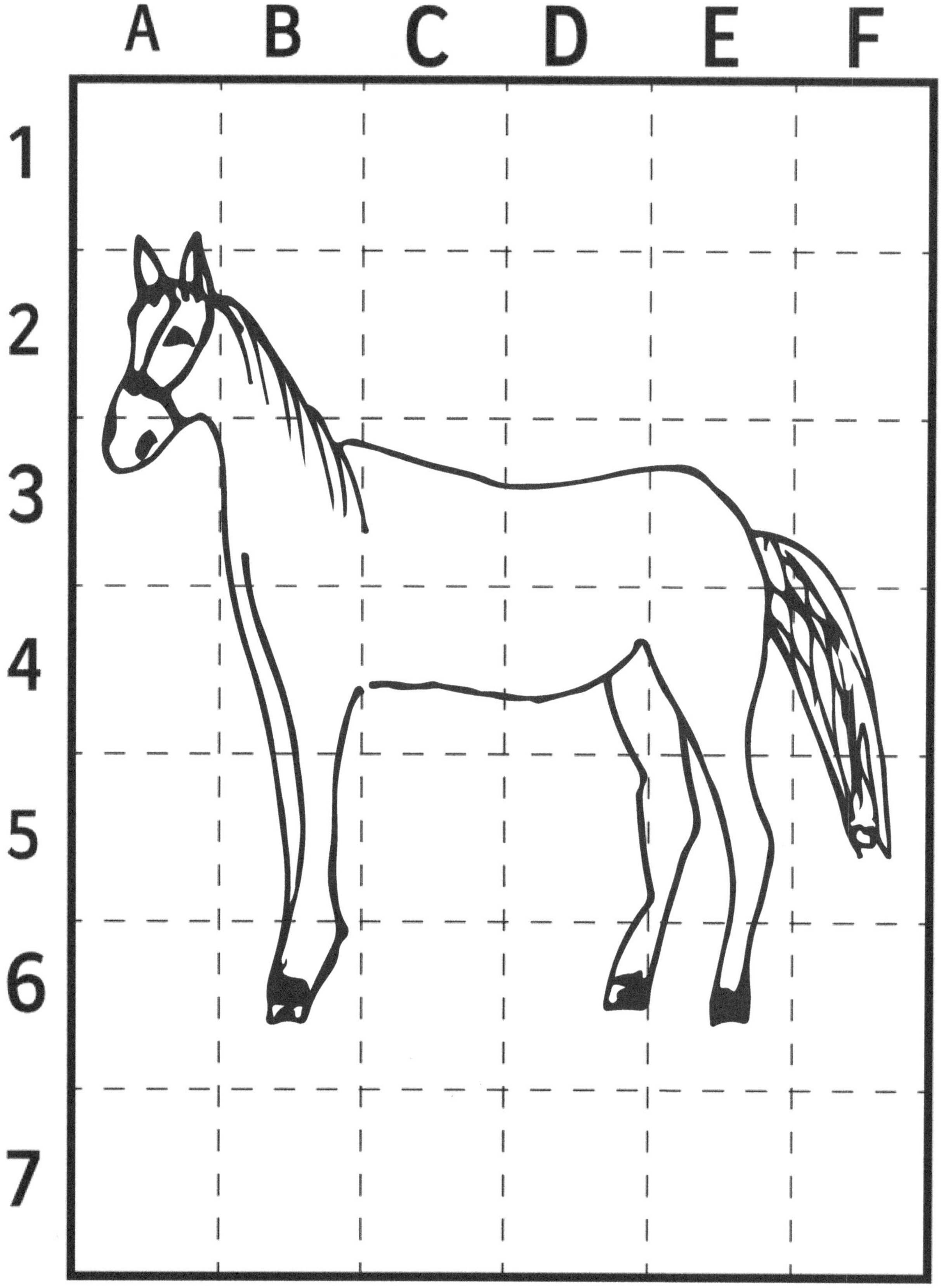

	A	B	C	D	E	F
1						
2						
3						
4						
5						
6						
7						

MODEL #2

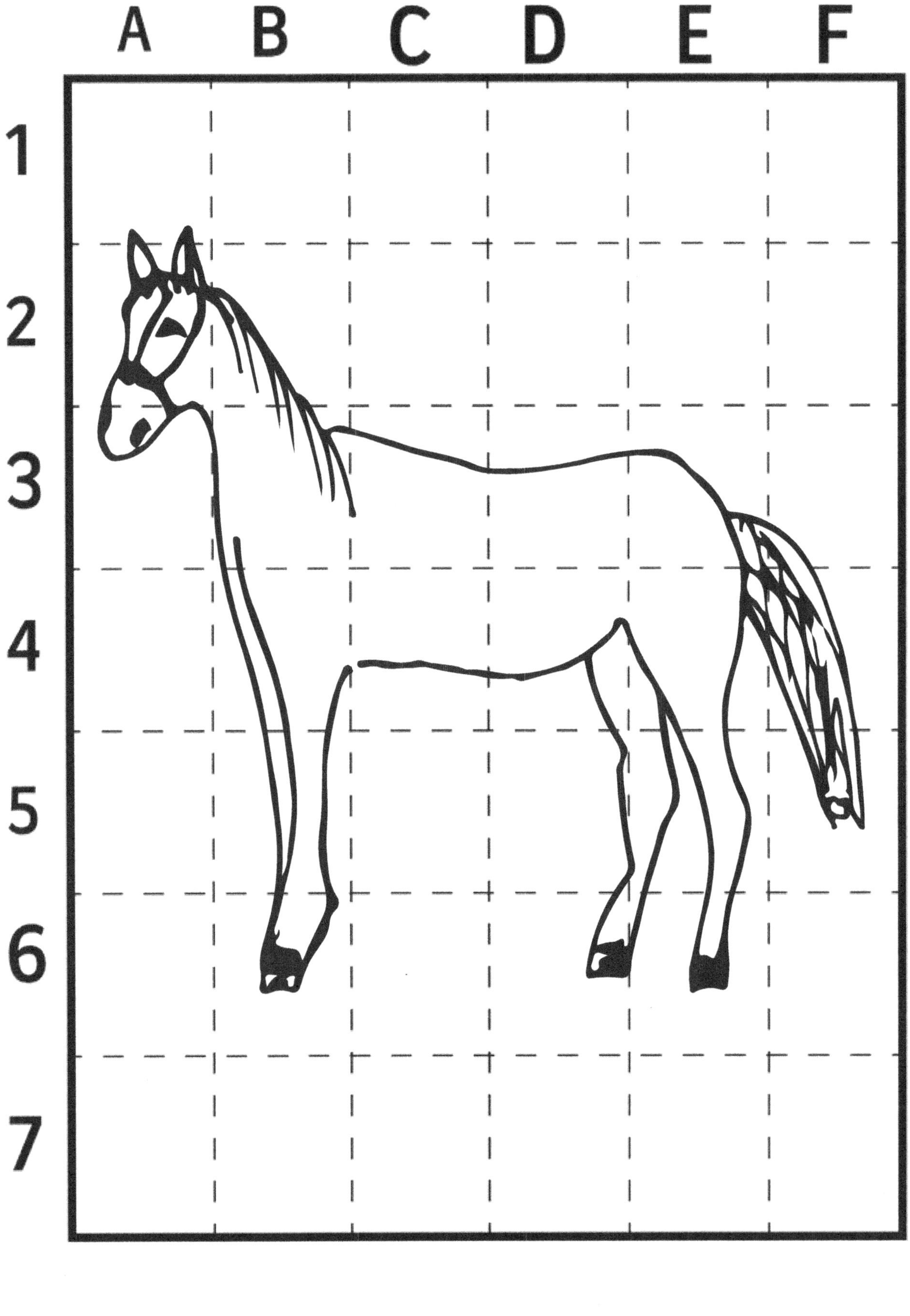

	A	B	C	D	E	F
1						
2						
3						
4						
5						
6						
7						

MODEL #1

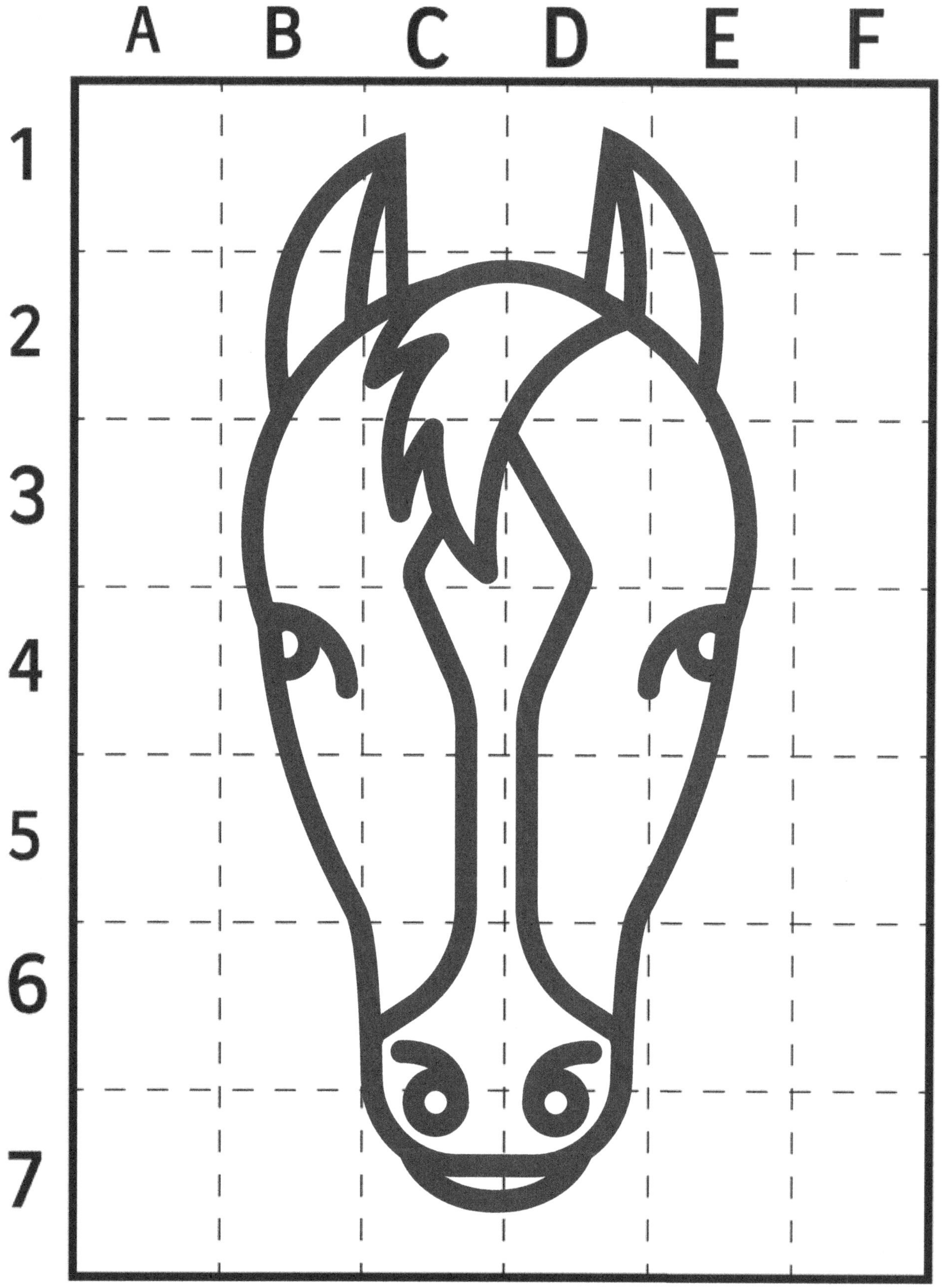

	A	B	C	D	E	F
1						
2						
3						
4						
5						
6						
7						

MODEL #2

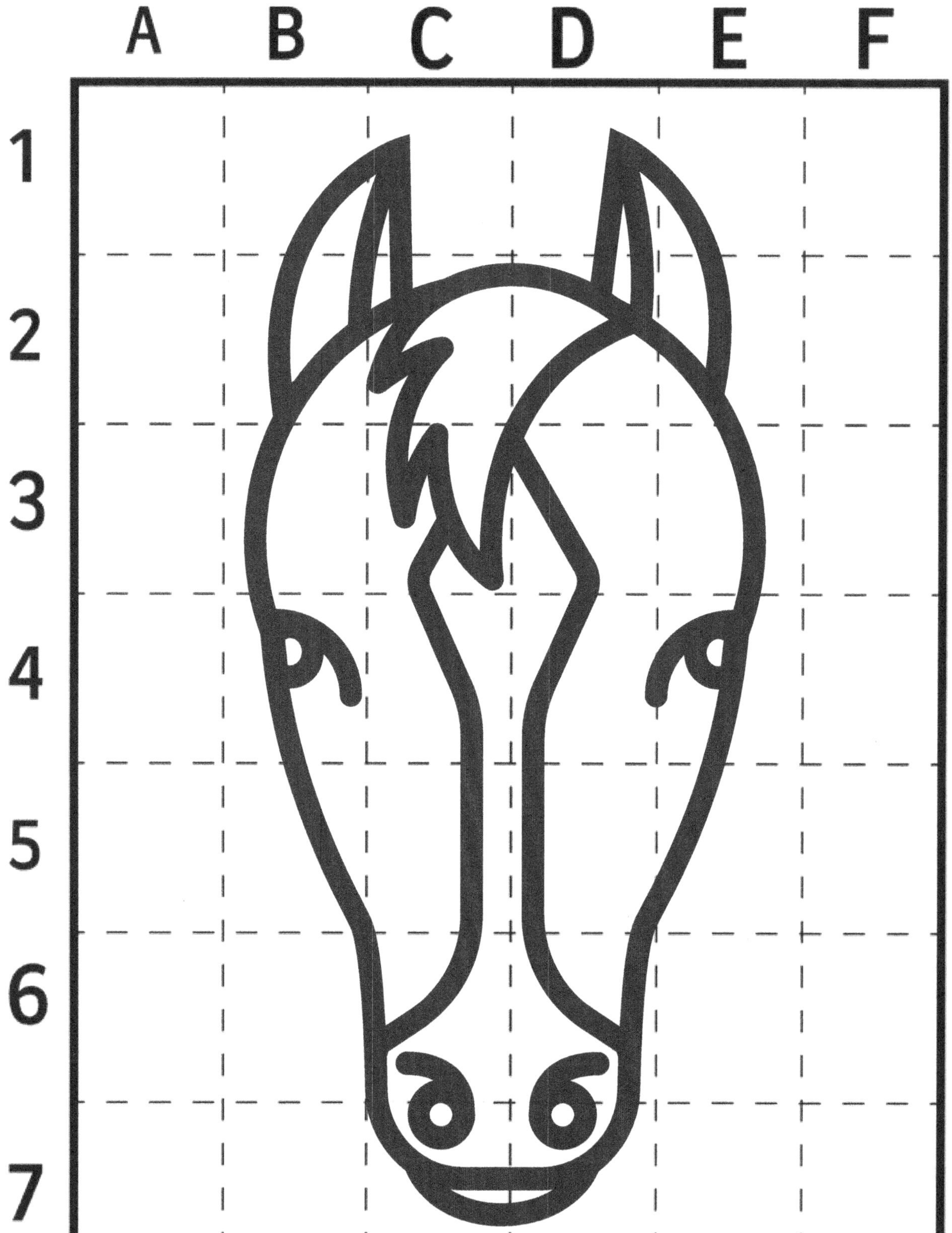

	A	B	C	D	E	F
1						
2						
3						
4						
5						
6						
7						

MODEL #1

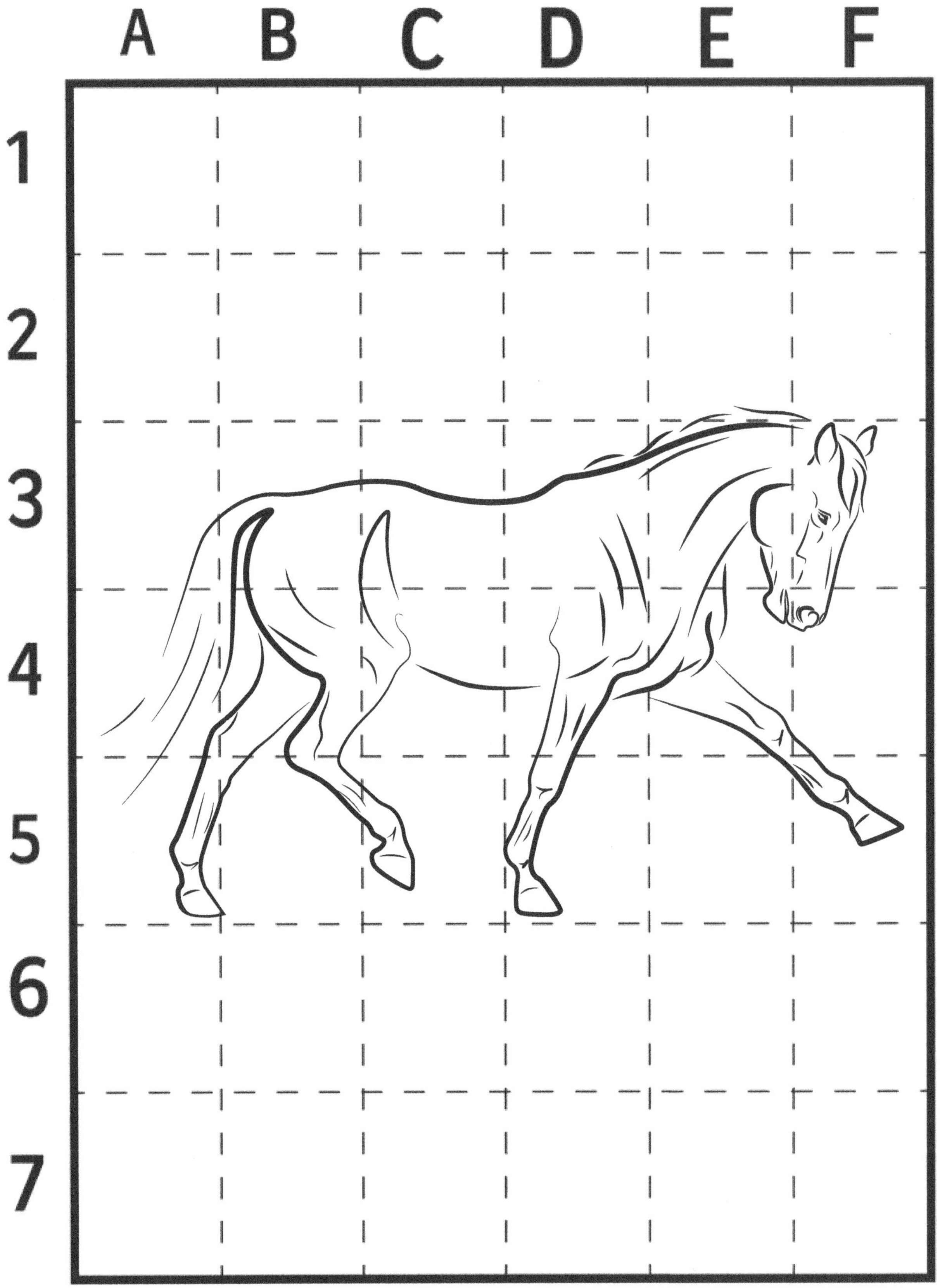

	A	B	C	D	E	F
1						
2						
3						
4						
5						
6						
7						

MODEL #2

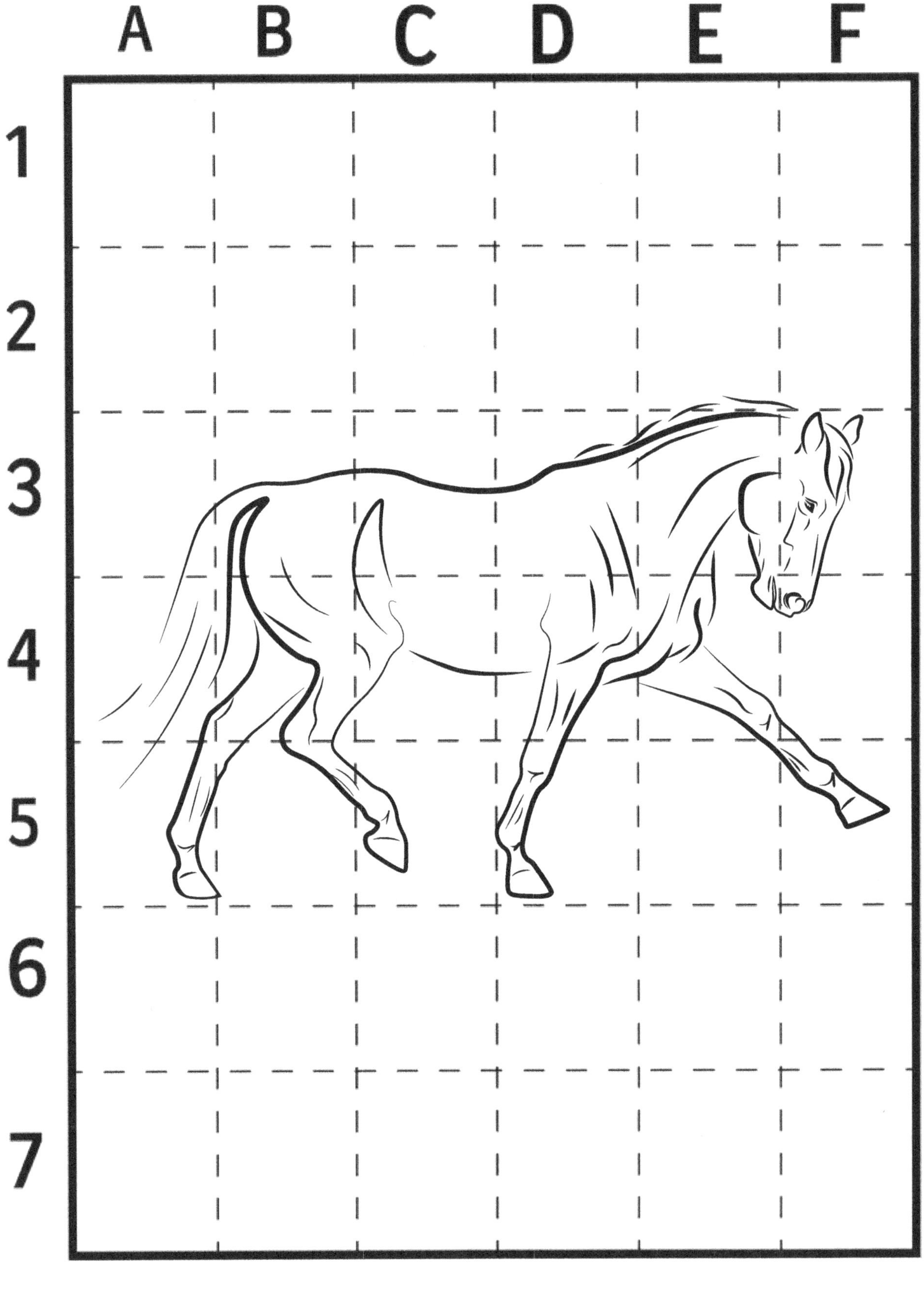

	A	B	C	D	E	F
1						
2						
3						
4						
5						
6						
7						

MODEL #1

	A	B	C	D	E	F
1						
2						
3						
4						
5						
6						
7						

MODEL #2

	A	B	C	D	E	F
1						
2						
3						
4						
5						
6						
7						

MODEL #1

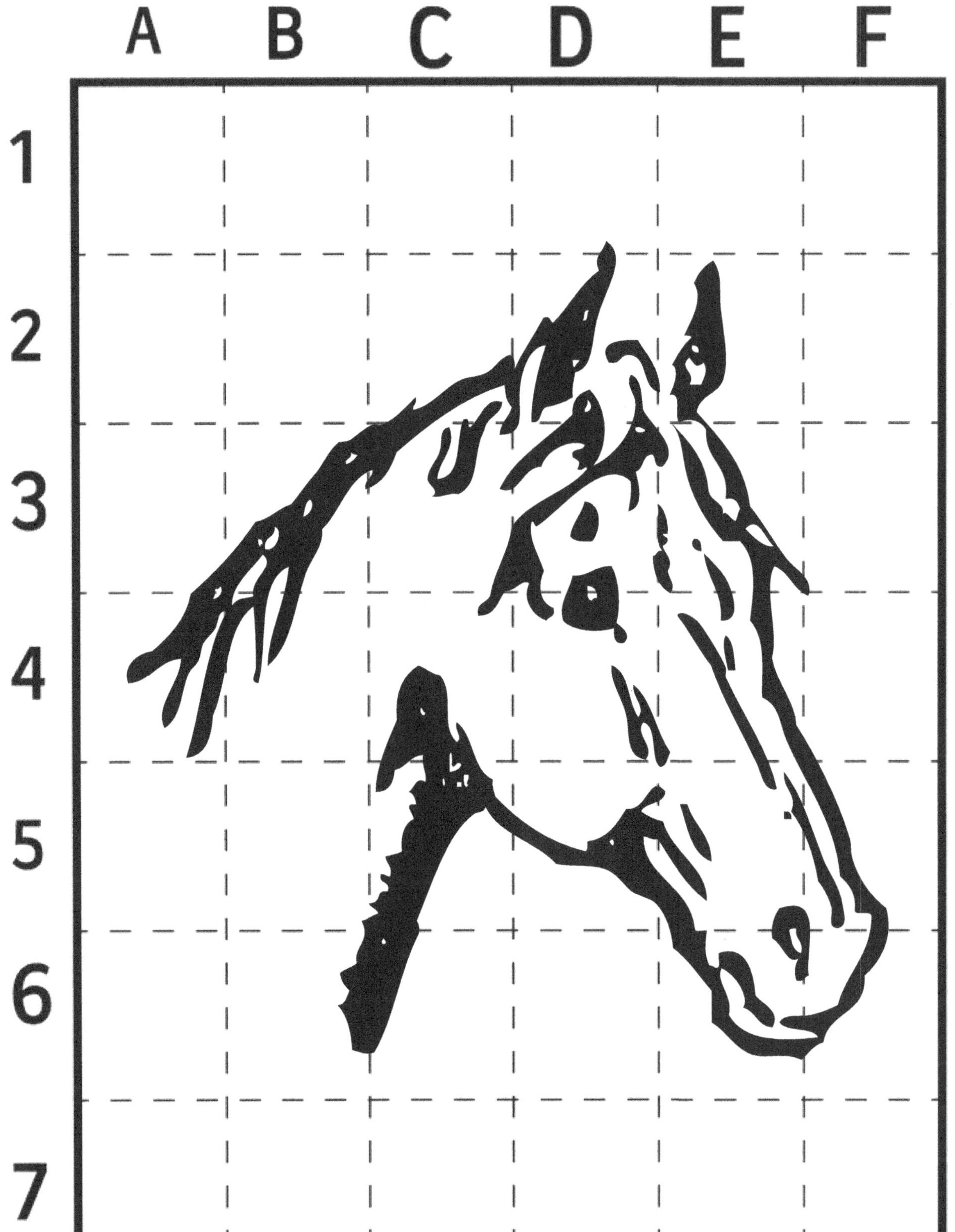

	A	B	C	D	E	F
1						
2						
3						
4						
5						
6						
7						

MODEL #2

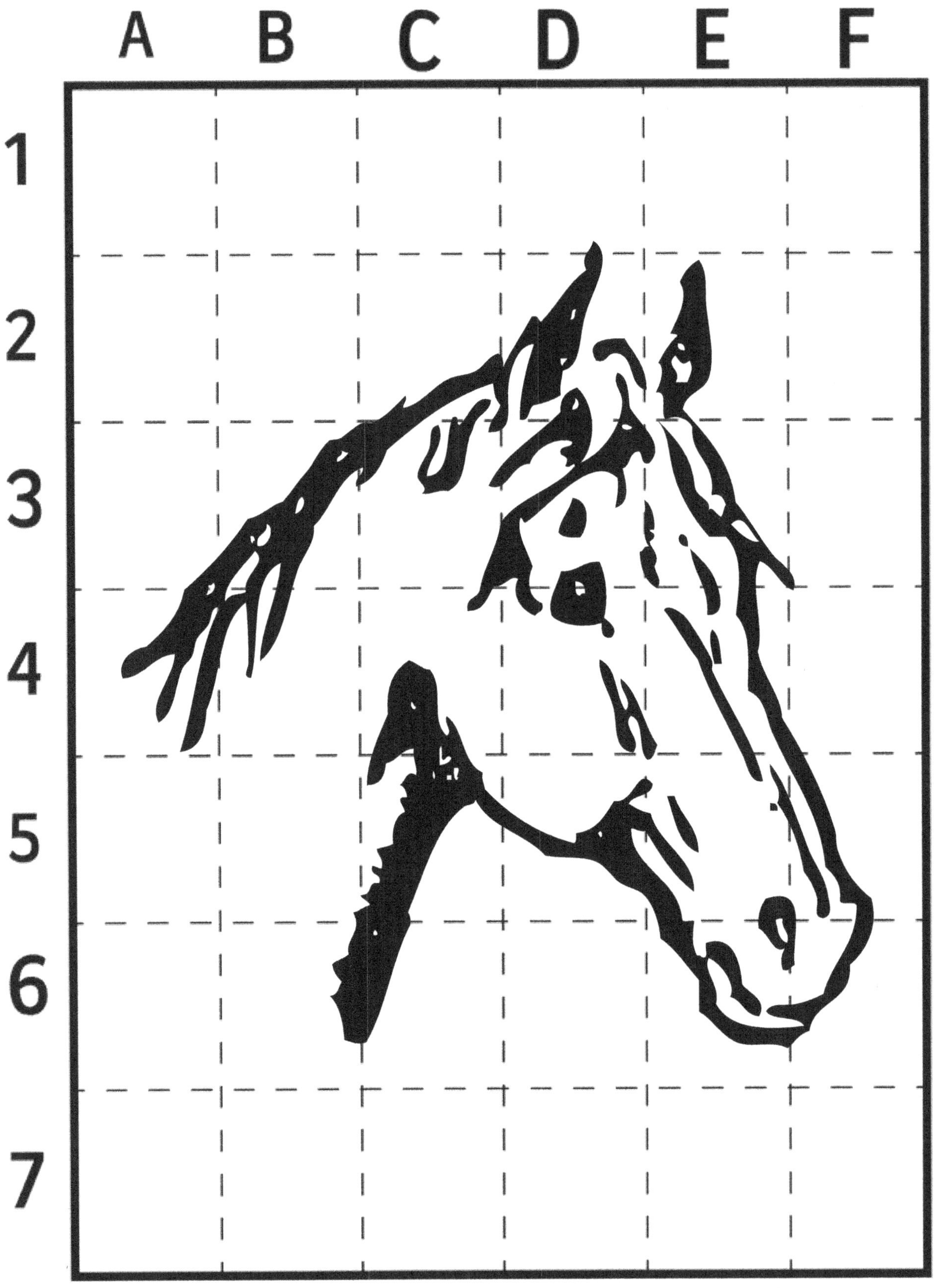

	A	B	C	D	E	F
1						
2						
3						
4						
5						
6						
7						

MODEL #1

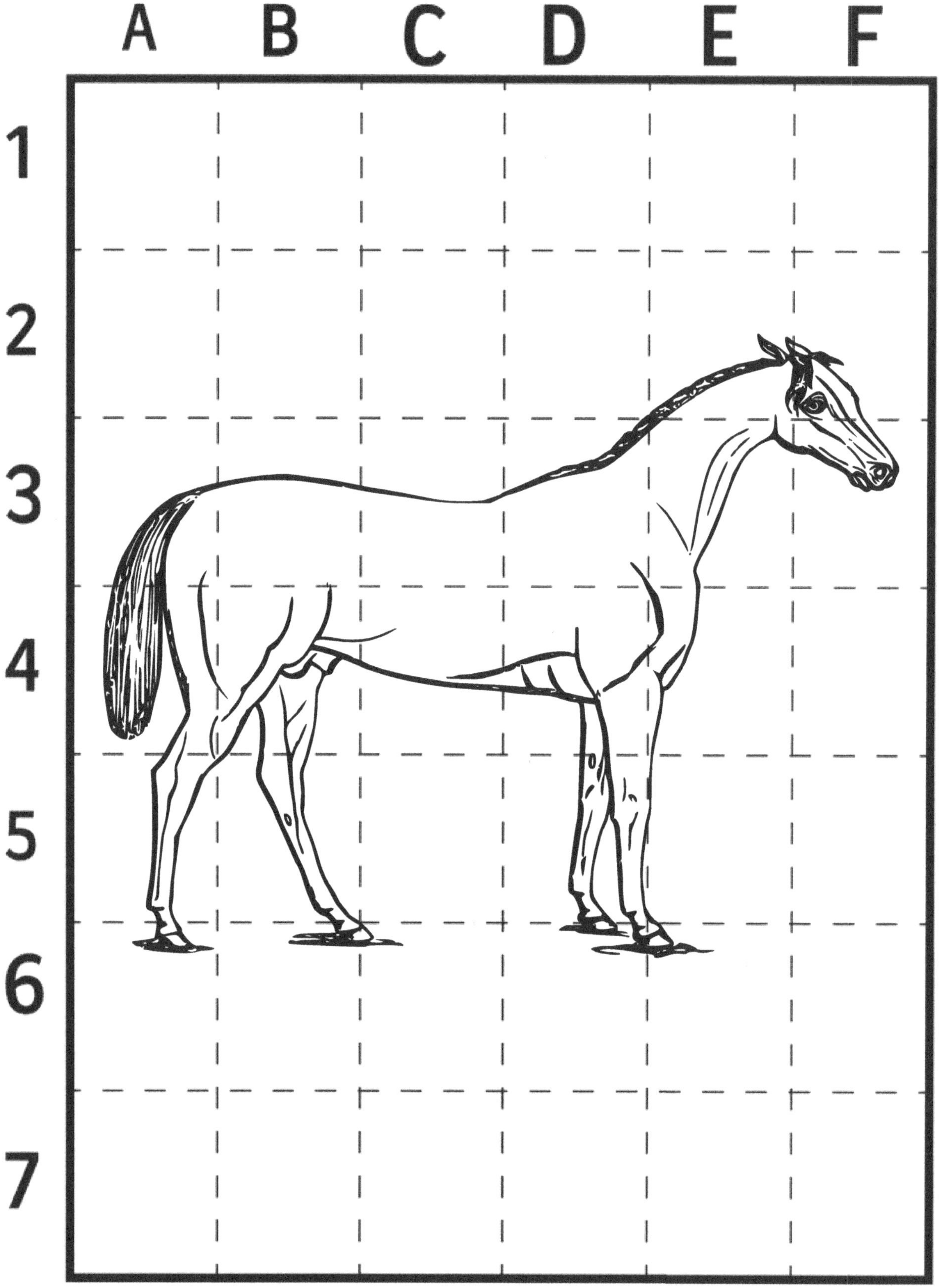

	A	B	C	D	E	F
1						
2						
3						
4						
5						
6						
7						

MODEL #2

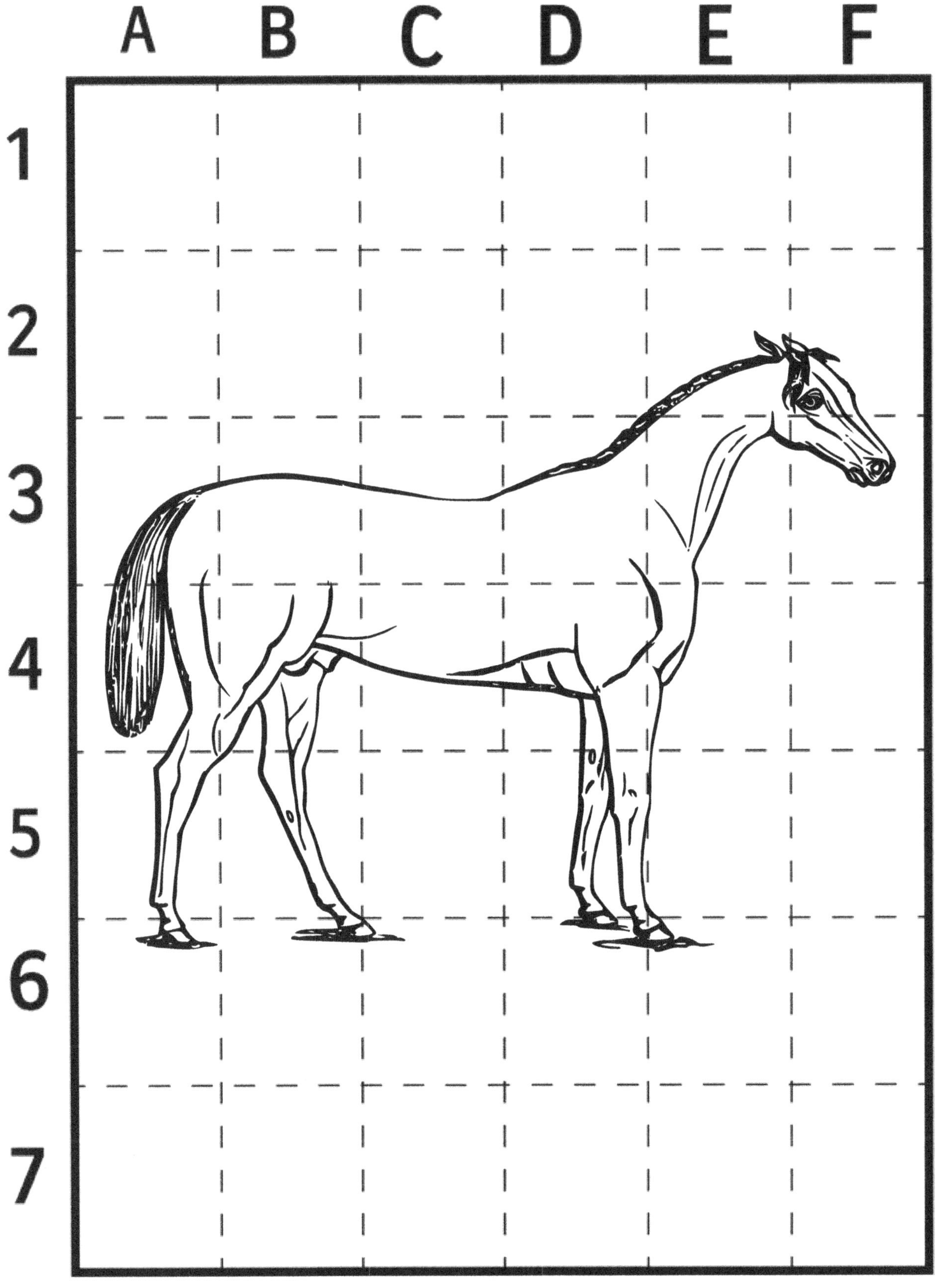

	A	B	C	D	E	F
1						
2						
3						
4						
5						
6						
7						

MODEL #1

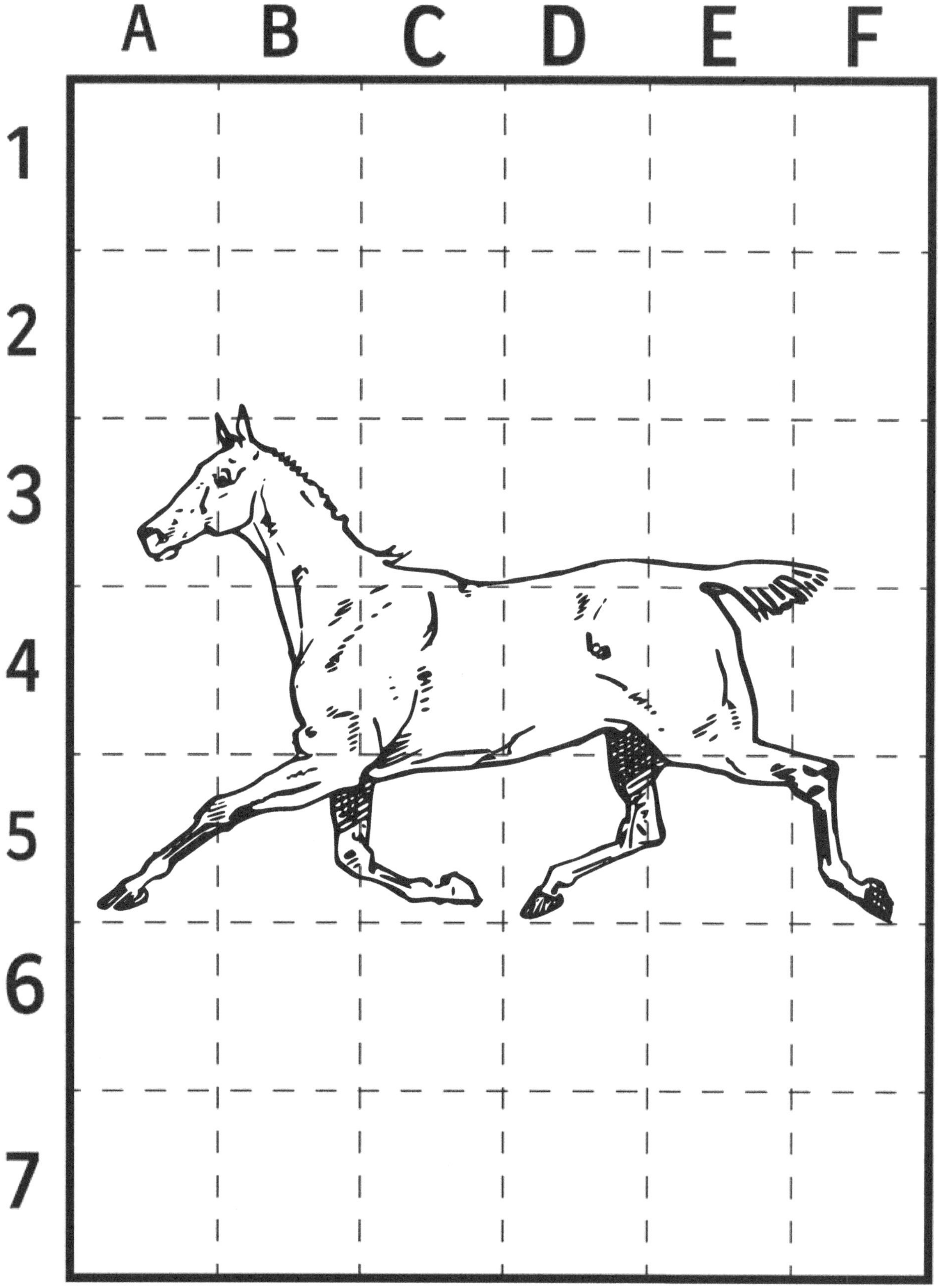

	A	B	C	D	E	F
1						
2						
3						
4						
5						
6						
7						

MODEL #2

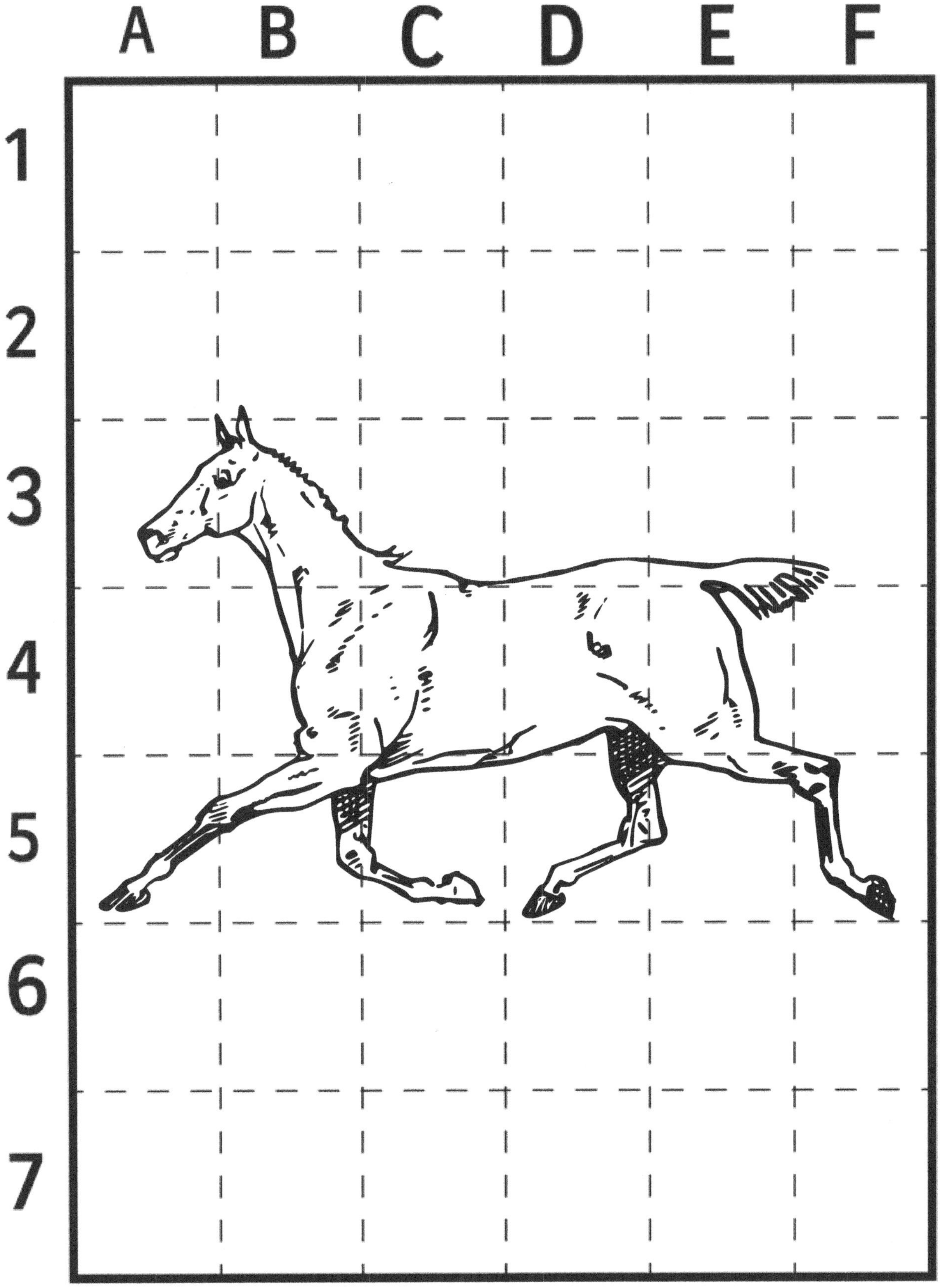

	A	B	C	D	E	F
1						
2						
3						
4						
5						
6						
7						

MODEL #1

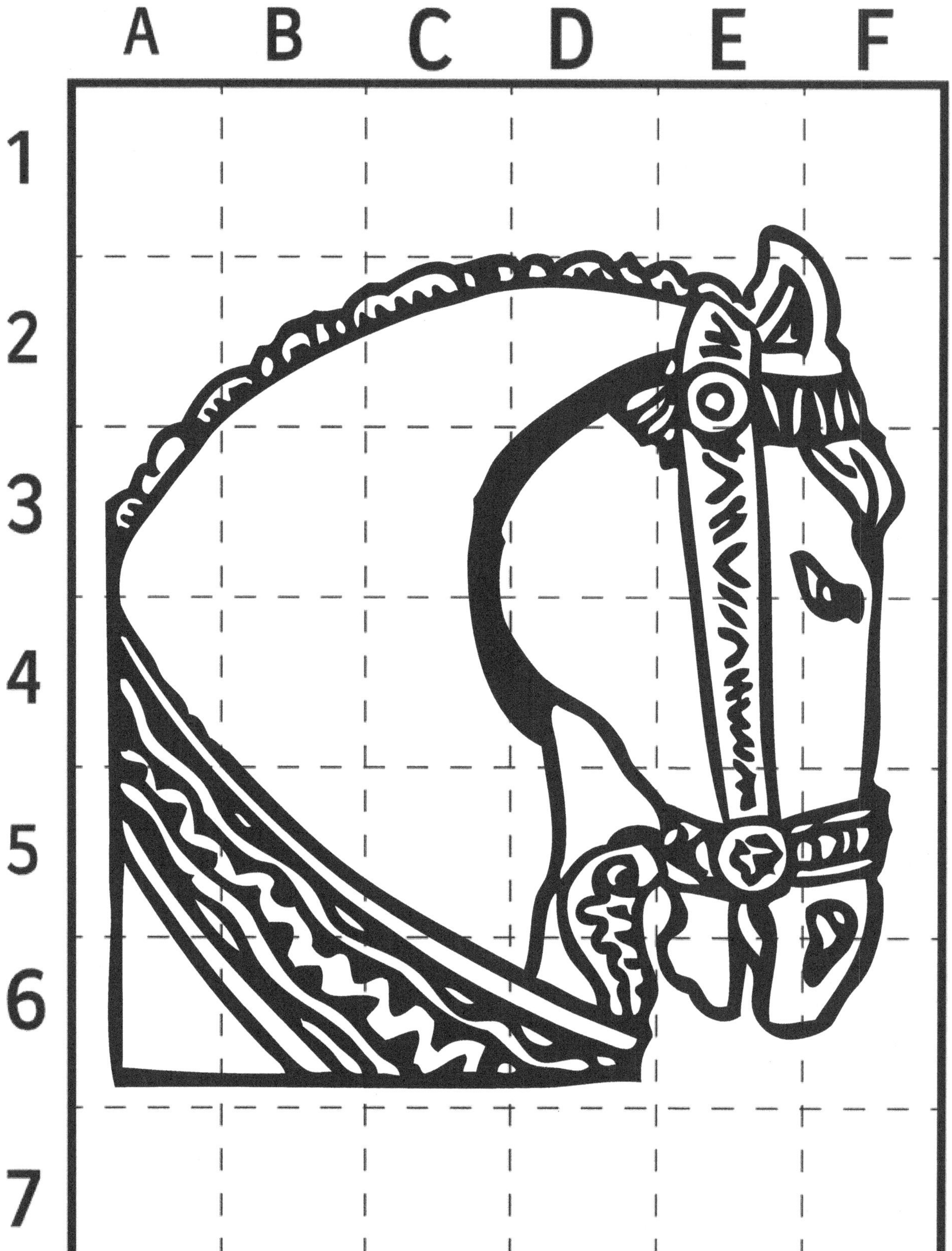

	A	B	C	D	E	F
1						
2						
3						
4						
5						
6						
7						

MODEL #2

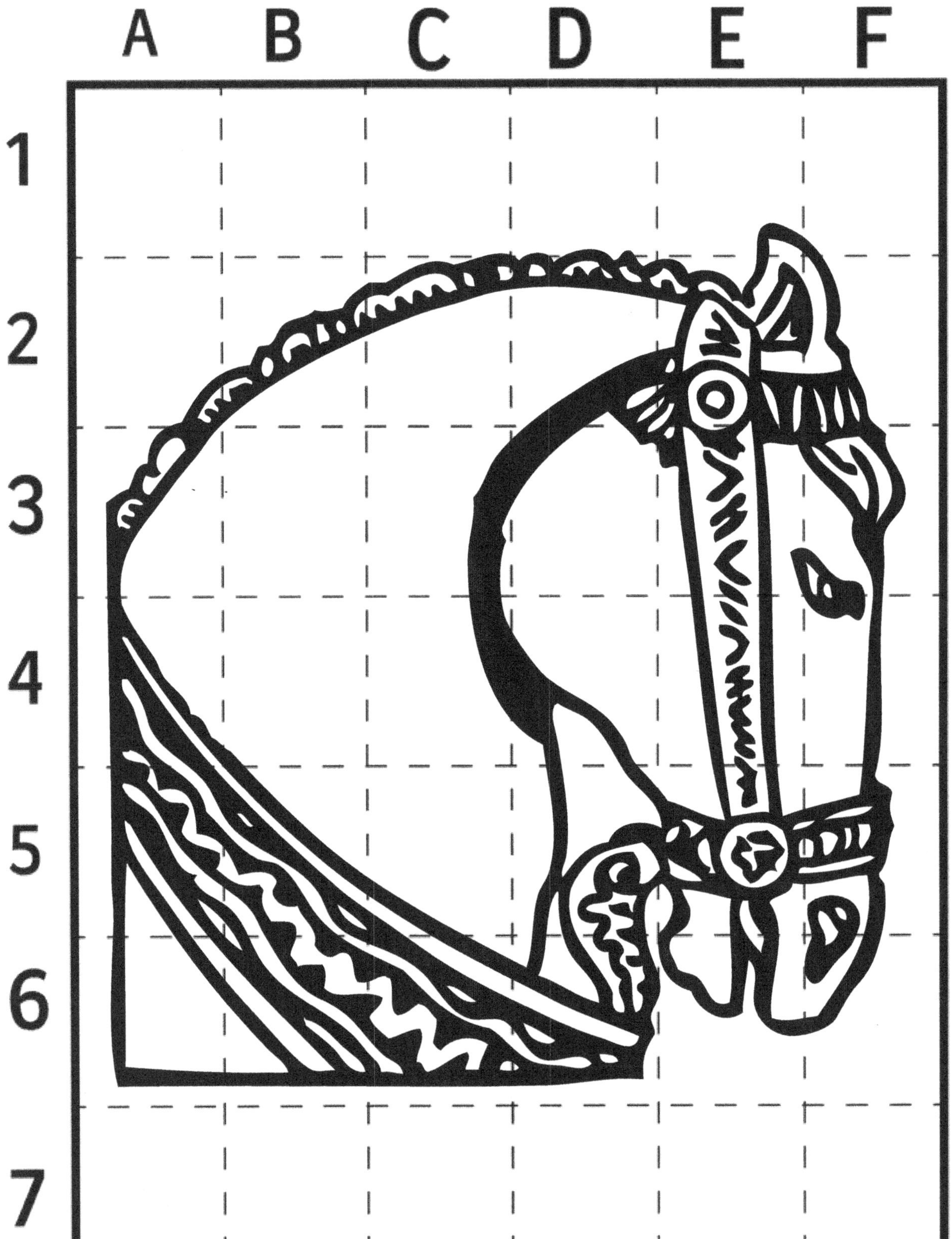

	A	B	C	D	E	F
1						
2						
3						
4						
5						
6						
7						

MODEL #1

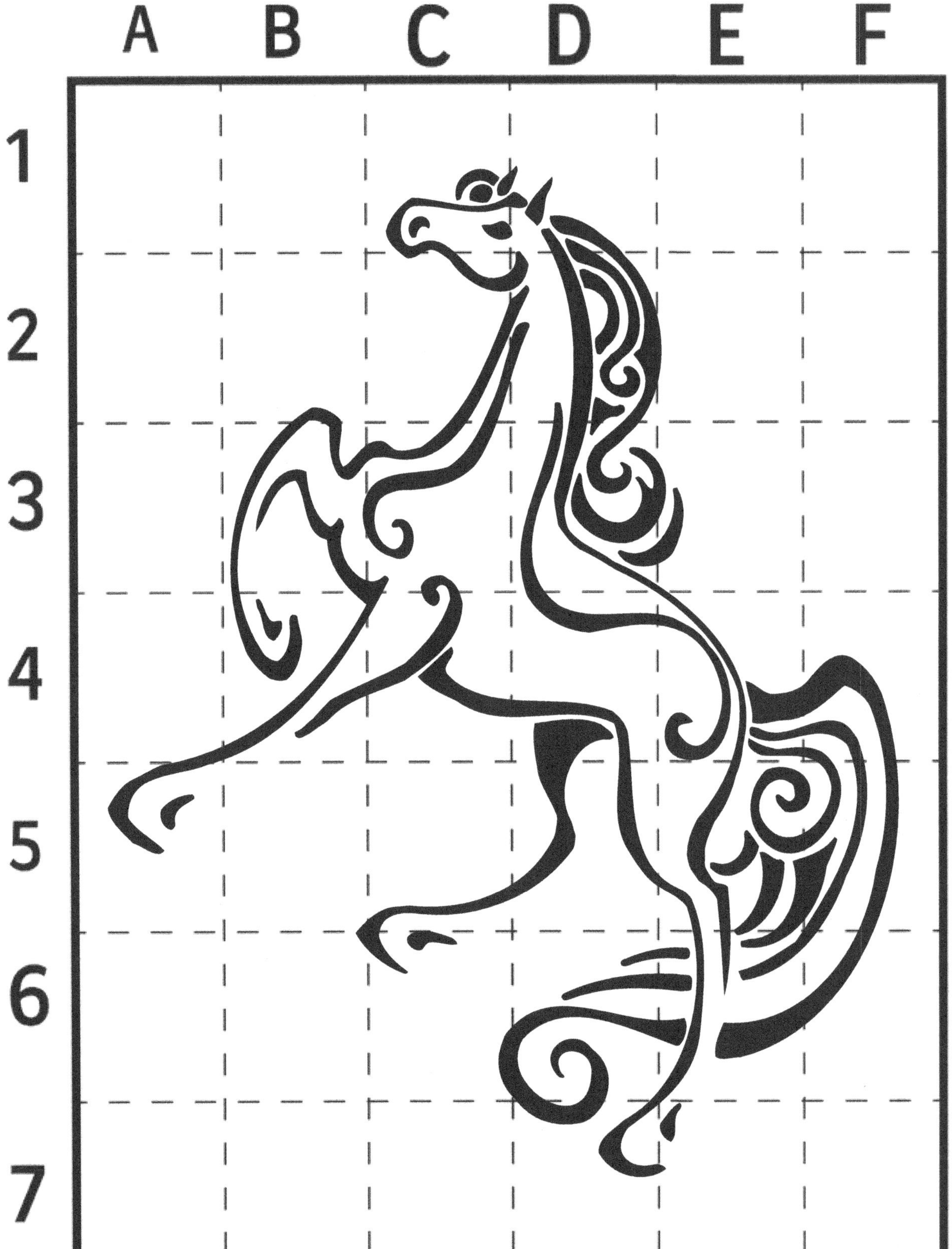

	A	B	C	D	E	F
1						
2						
3						
4						
5						
6						
7						

MODEL #2

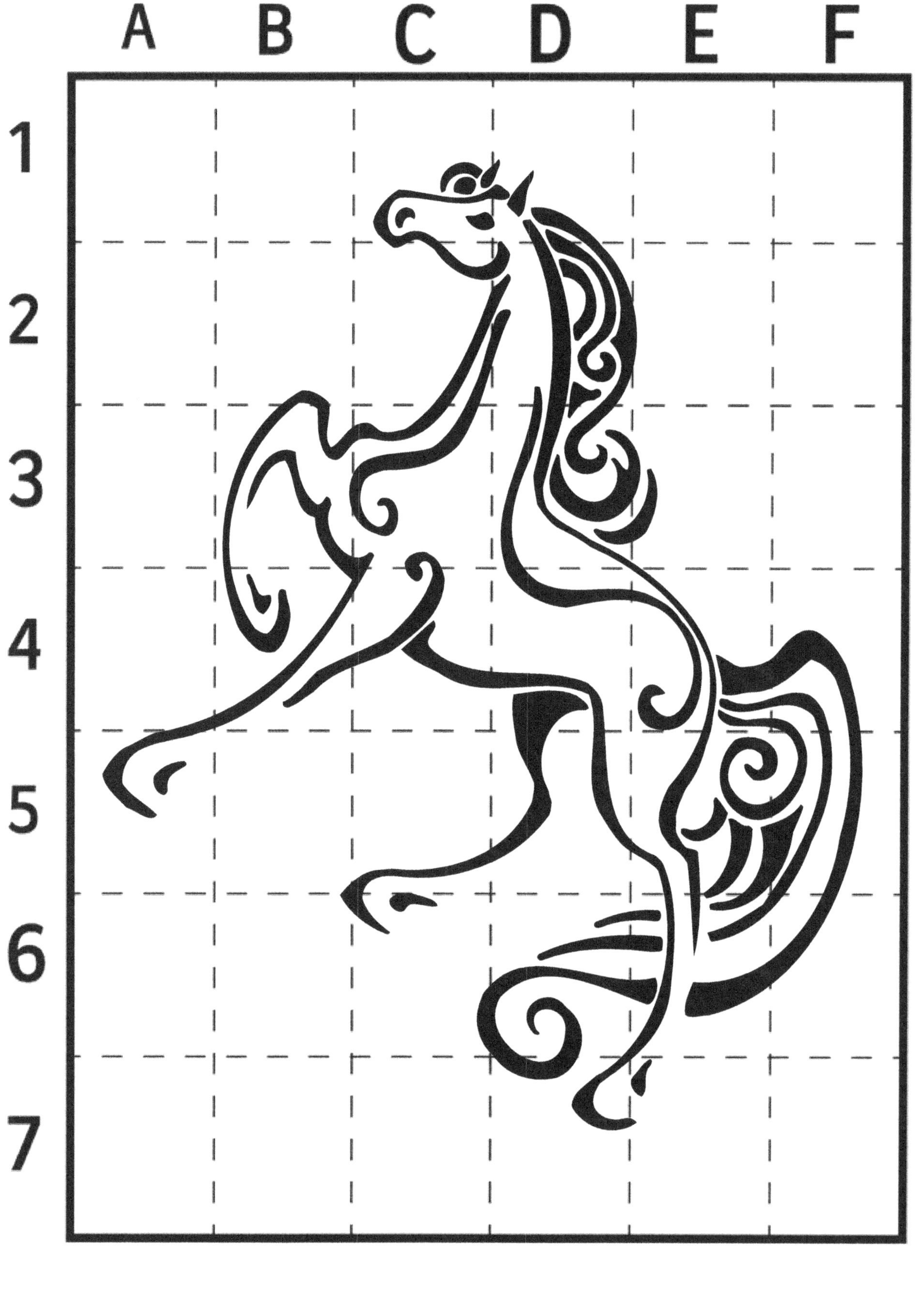

	A	B	C	D	E	F
1						
2						
3						
4						
5						
6						
7						

MODEL #1

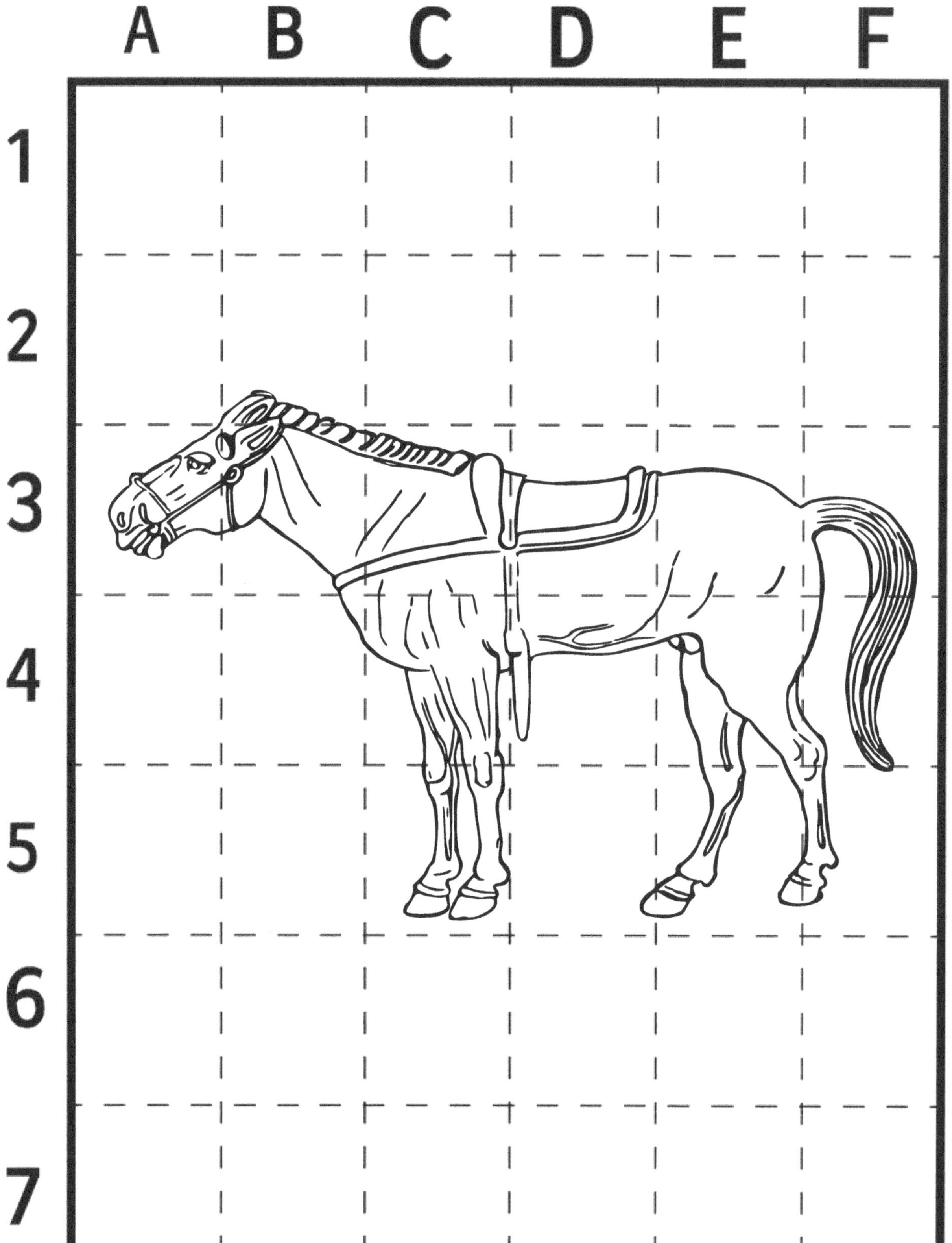

	A	B	C	D	E	F
1						
2						
3						
4						
5						
6						
7						

MODEL #2

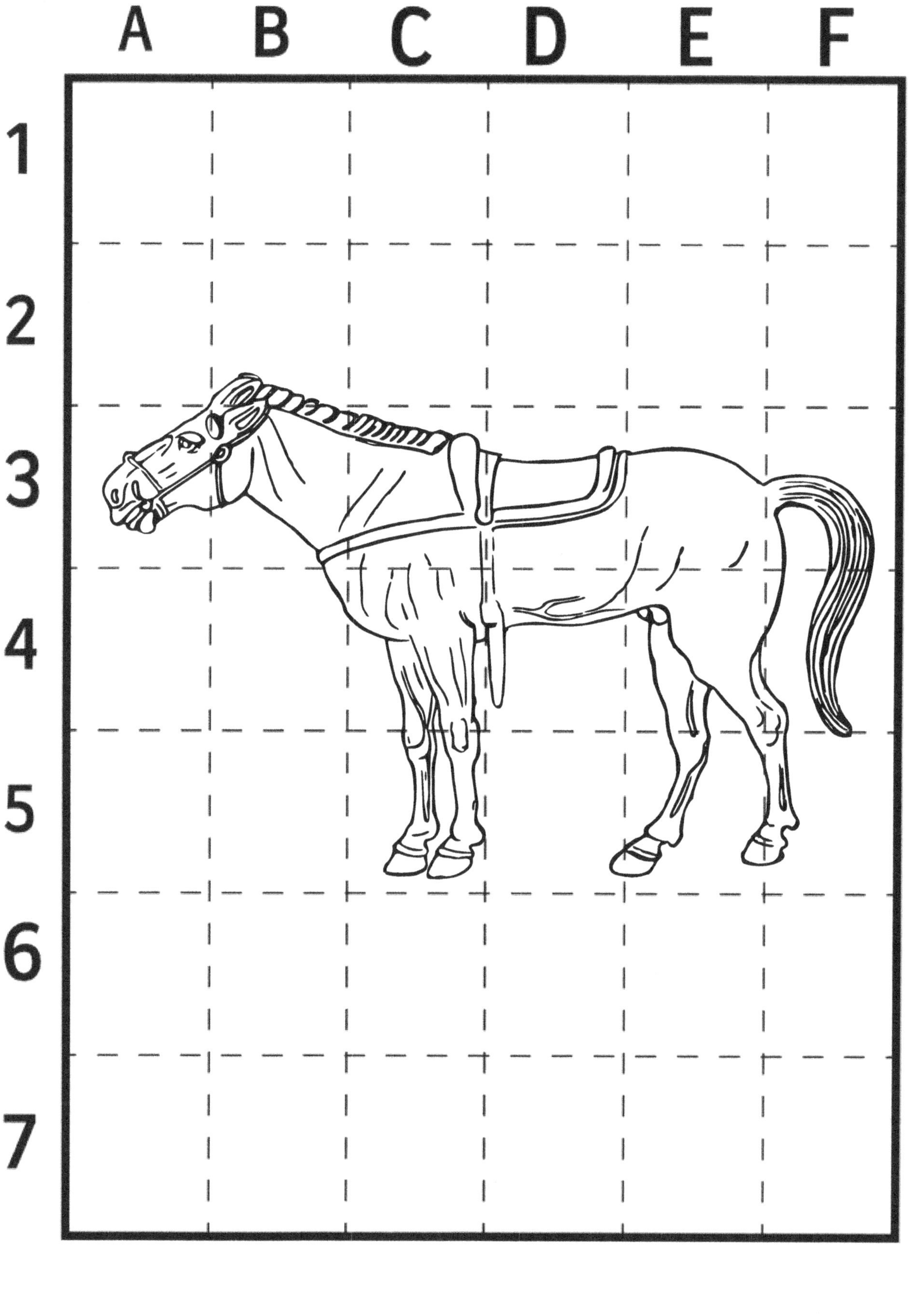

	A	B	C	D	E	F
1						
2						
3						
4						
5						
6						
7						

MODEL #1

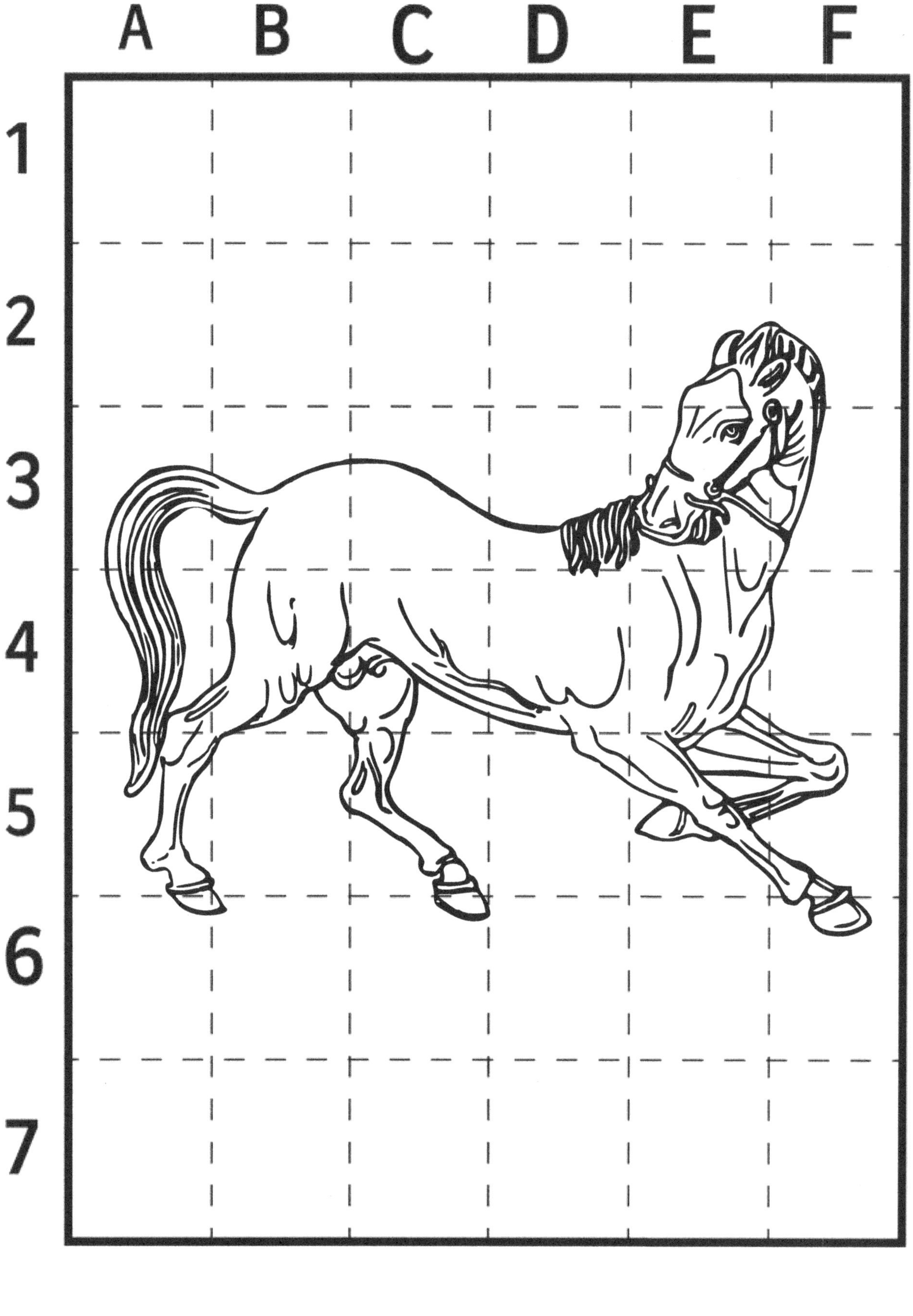

	A	B	C	D	E	F
1						
2						
3						
4						
5						
6						
7						

MODEL #2

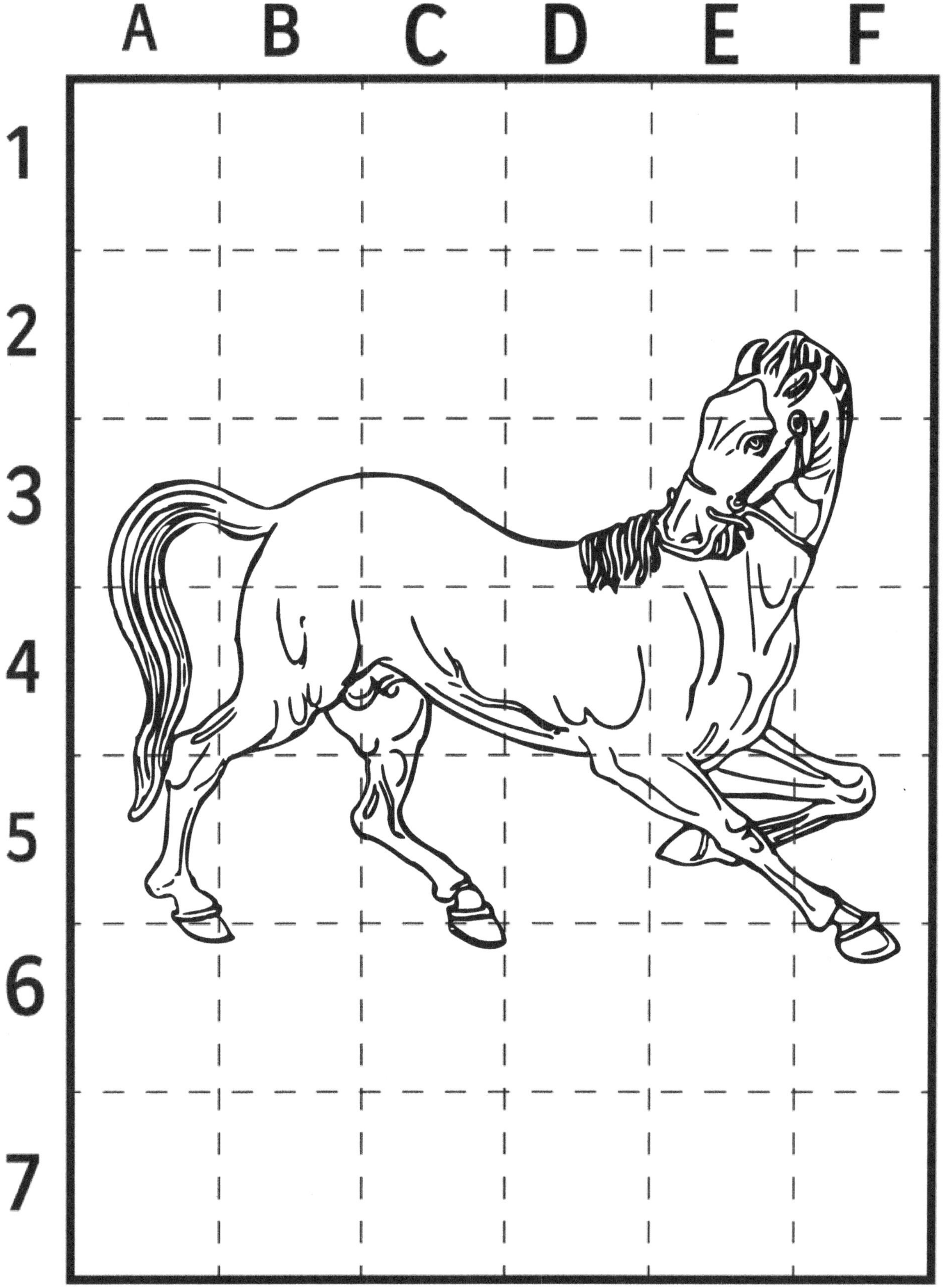

	A	B	C	D	E	F
1						
2						
3						
4						
5						
6						
7						

MODEL #1

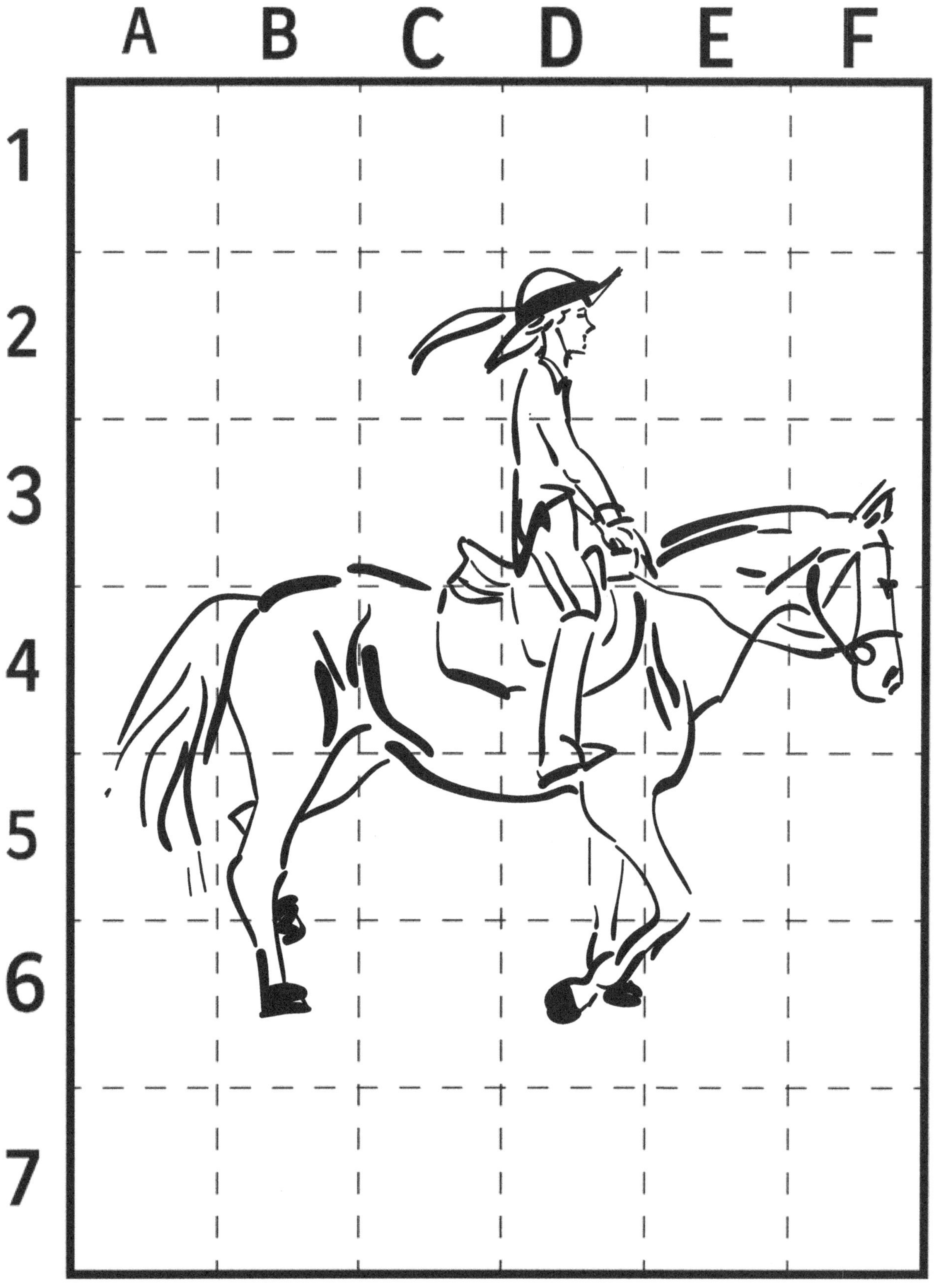

	A	B	C	D	E	F
1						
2						
3						
4						
5						
6						
7						

MODEL #2

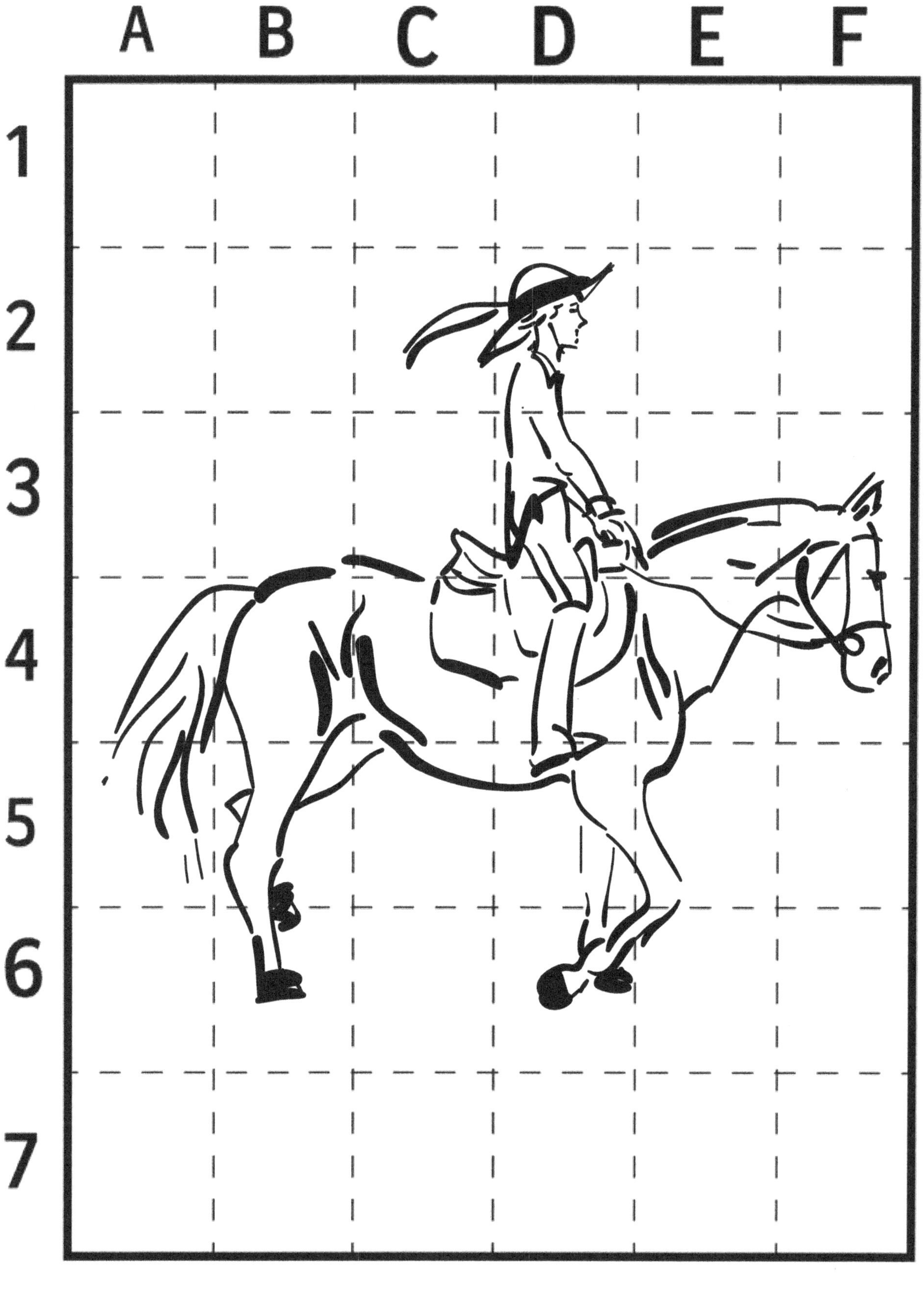

	A	B	C	D	E	F
1						
2						
3						
4						
5						
6						
7						

MODEL #1

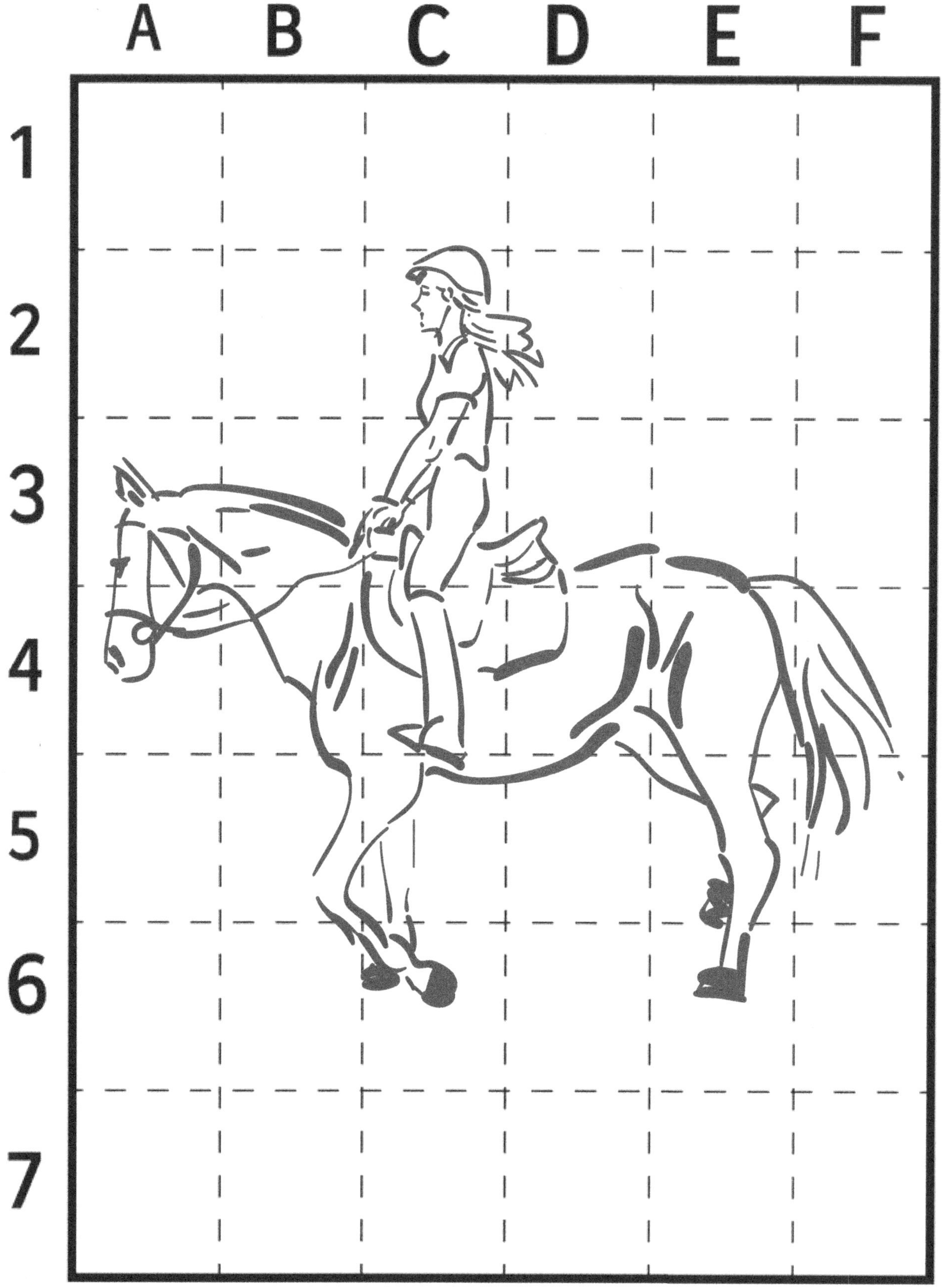

	A	B	C	D	E	F
1						
2						
3						
4						
5						
6						
7						

MODEL #2

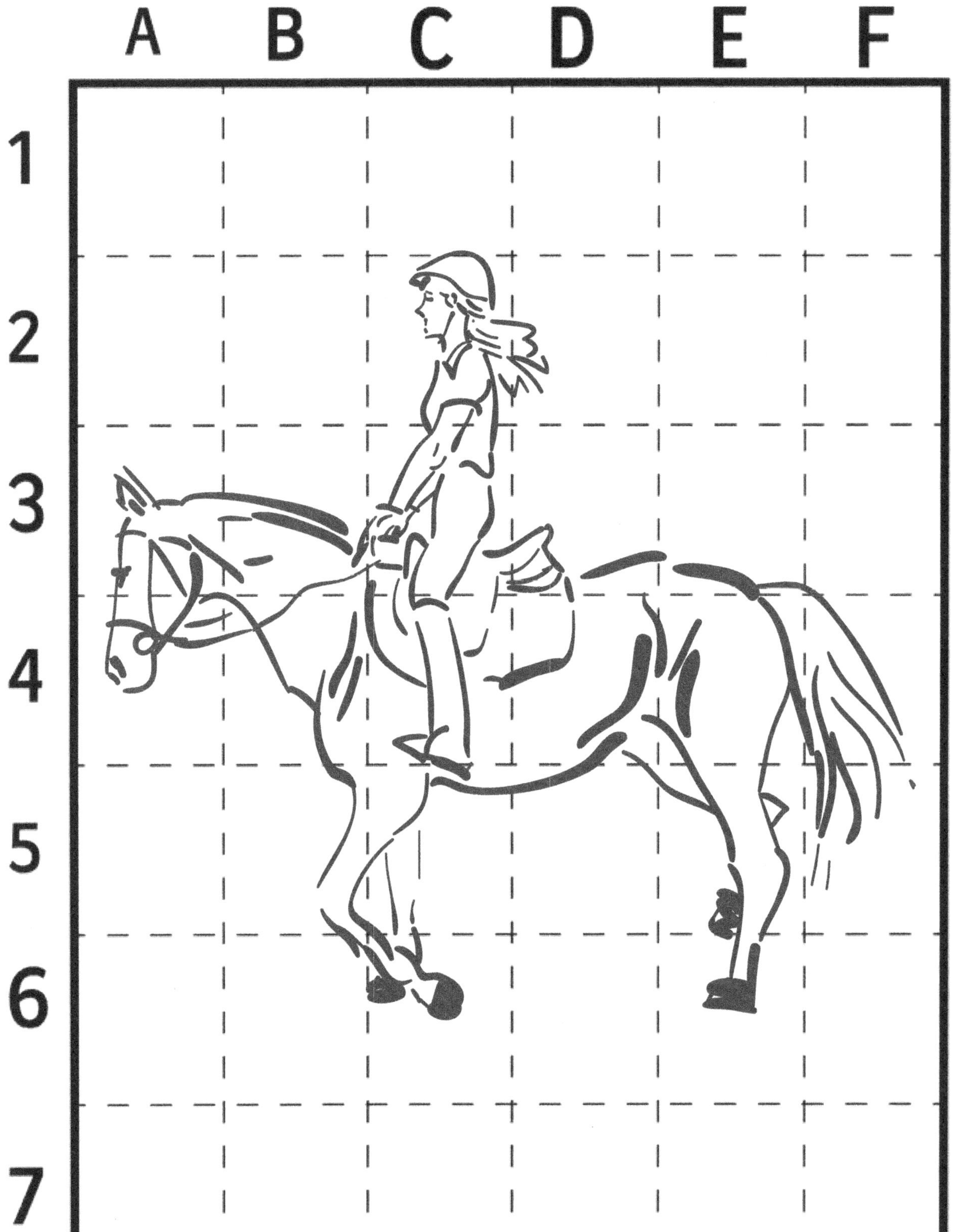

	A	B	C	D	E	F
1						
2						
3						
4						
5						
6						
7						

MODEL #1

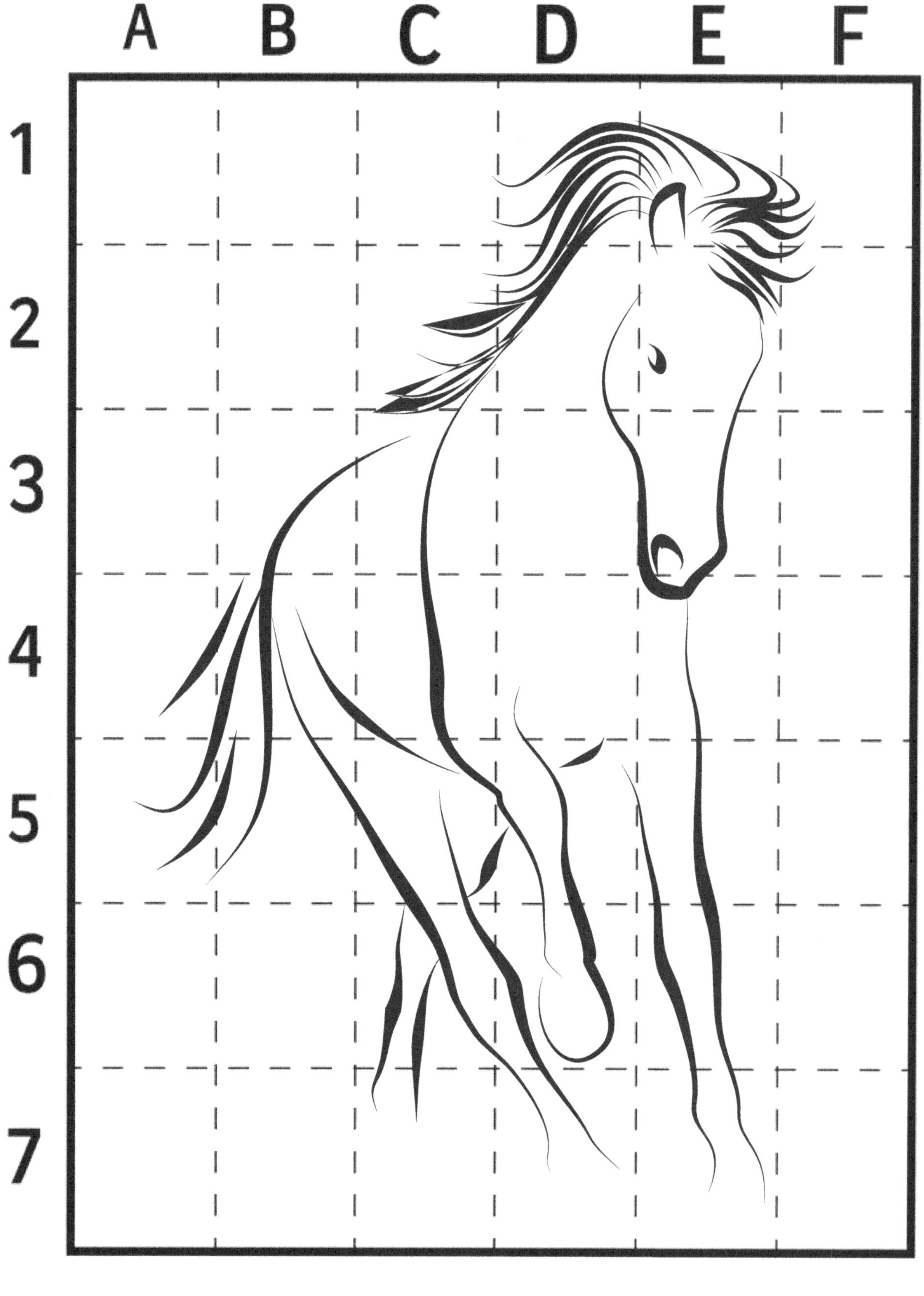

	A	B	C	D	E	F
1						
2						
3						
4						
5						
6						
7						

MODEL #2

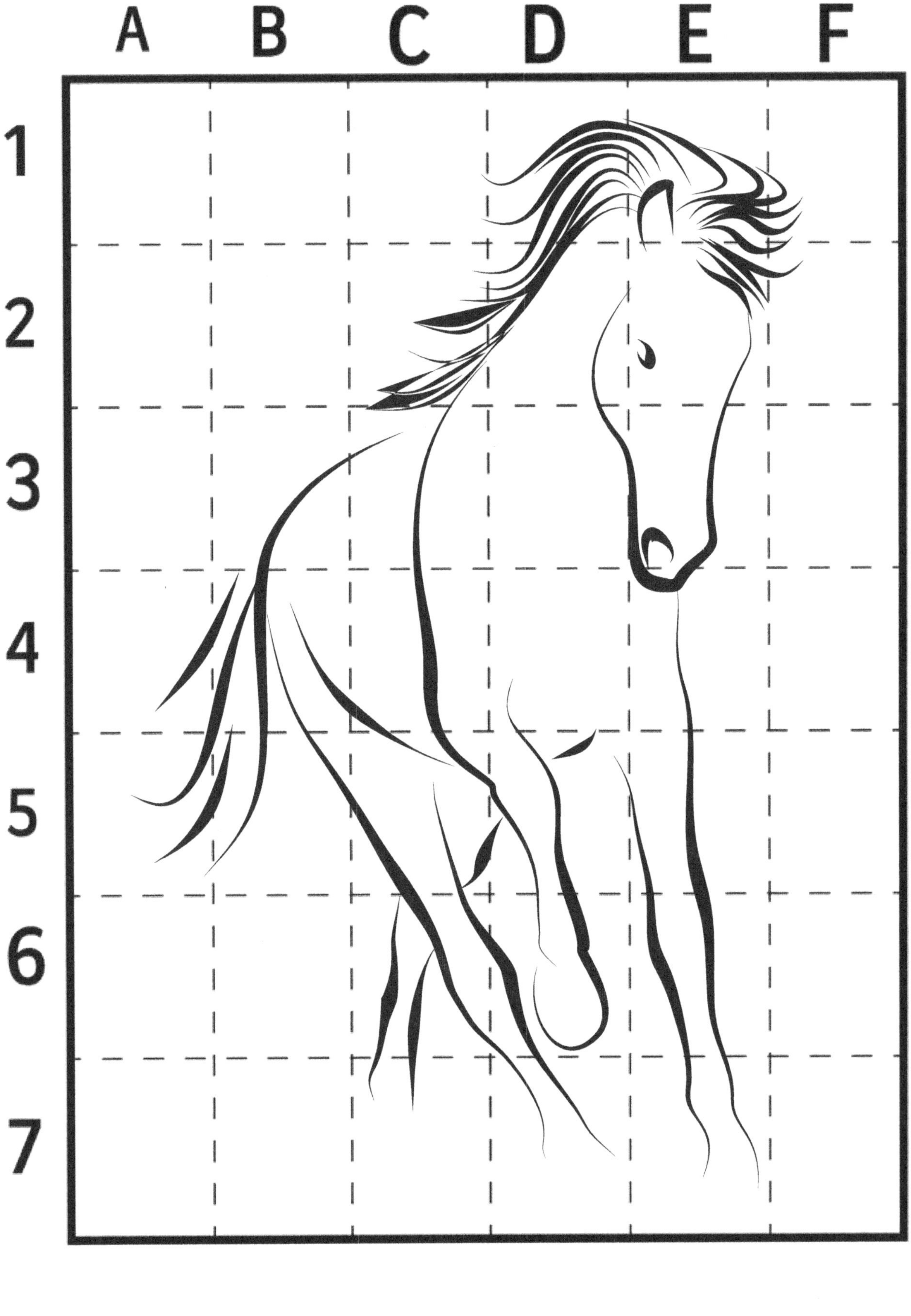

	A	B	C	D	E	F
1						
2						
3						
4						
5						
6						
7						

MODEL #1

	A	B	C	D	E	F
1						
2						
3						
4						
5						
6						
7						

MODEL #2

	A	B	C	D	E	F
1						
2						
3						
4						
5						
6						
7						

MODEL #1

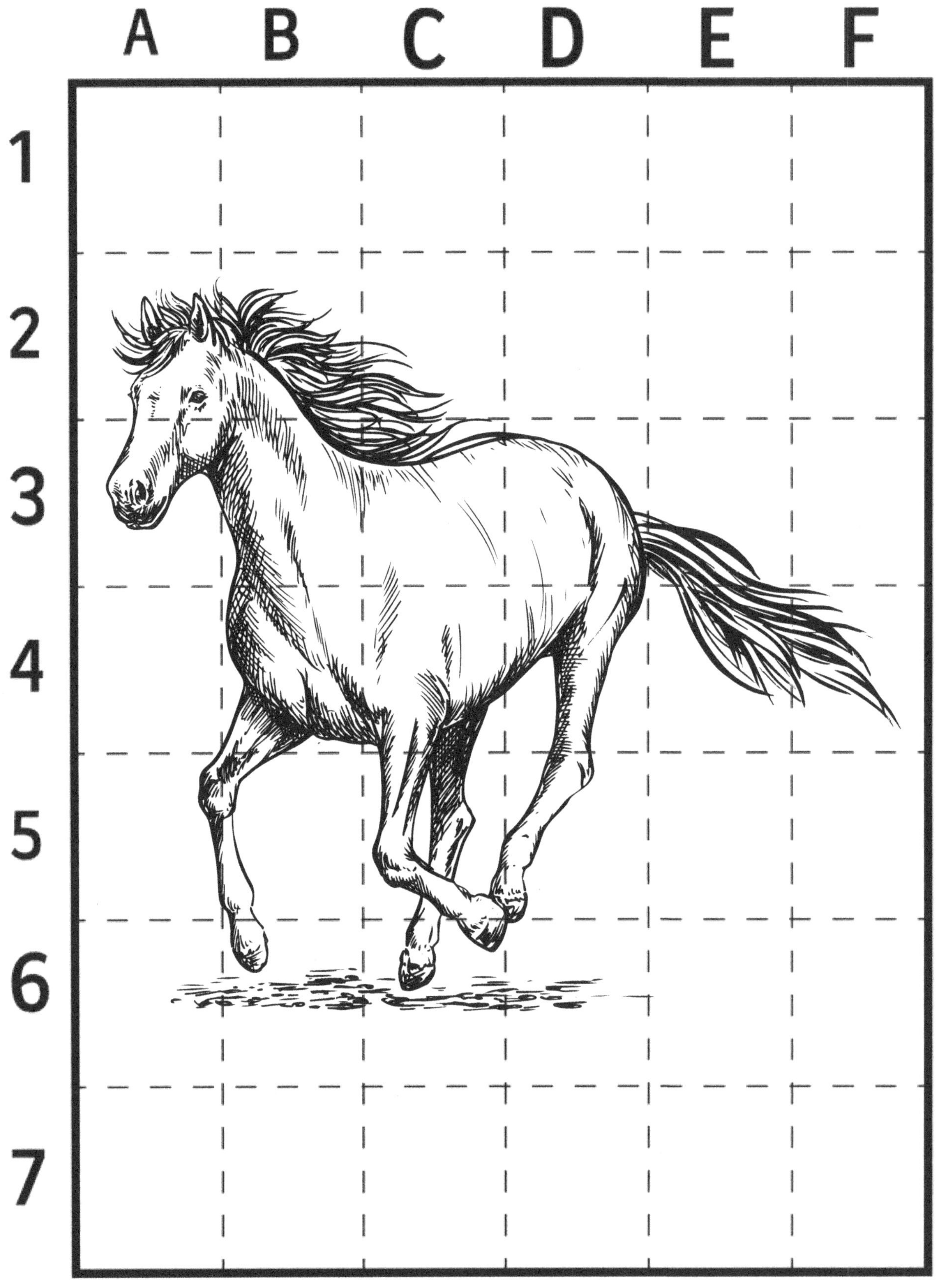

	A	B	C	D	E	F
1						
2						
3						
4						
5						
6						
7						

MODEL #2

	A	B	C	D	E	F
1						
2						
3						
4						
5						
6						
7						

MODEL #1

	A	B	C	D	E	F
1						
2						
3						
4						
5						
6						
7						

MODEL #2

	A	B	C	D	E	F
1						
2						
3						
4						
5						
6						
7						

MODEL #1

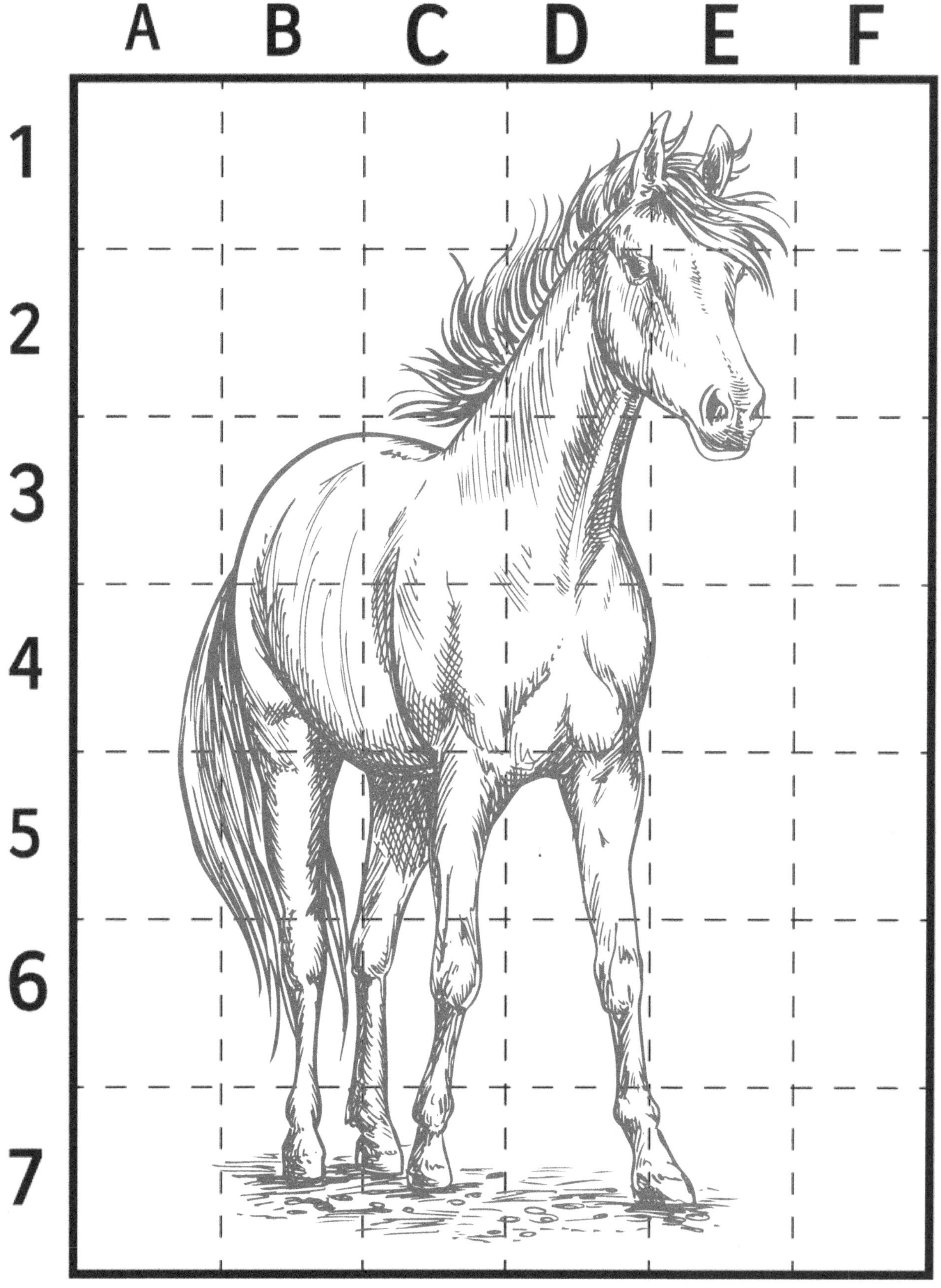

	A	B	C	D	E	F
1						
2						
3						
4						
5						
6						
7						

MODEL #2

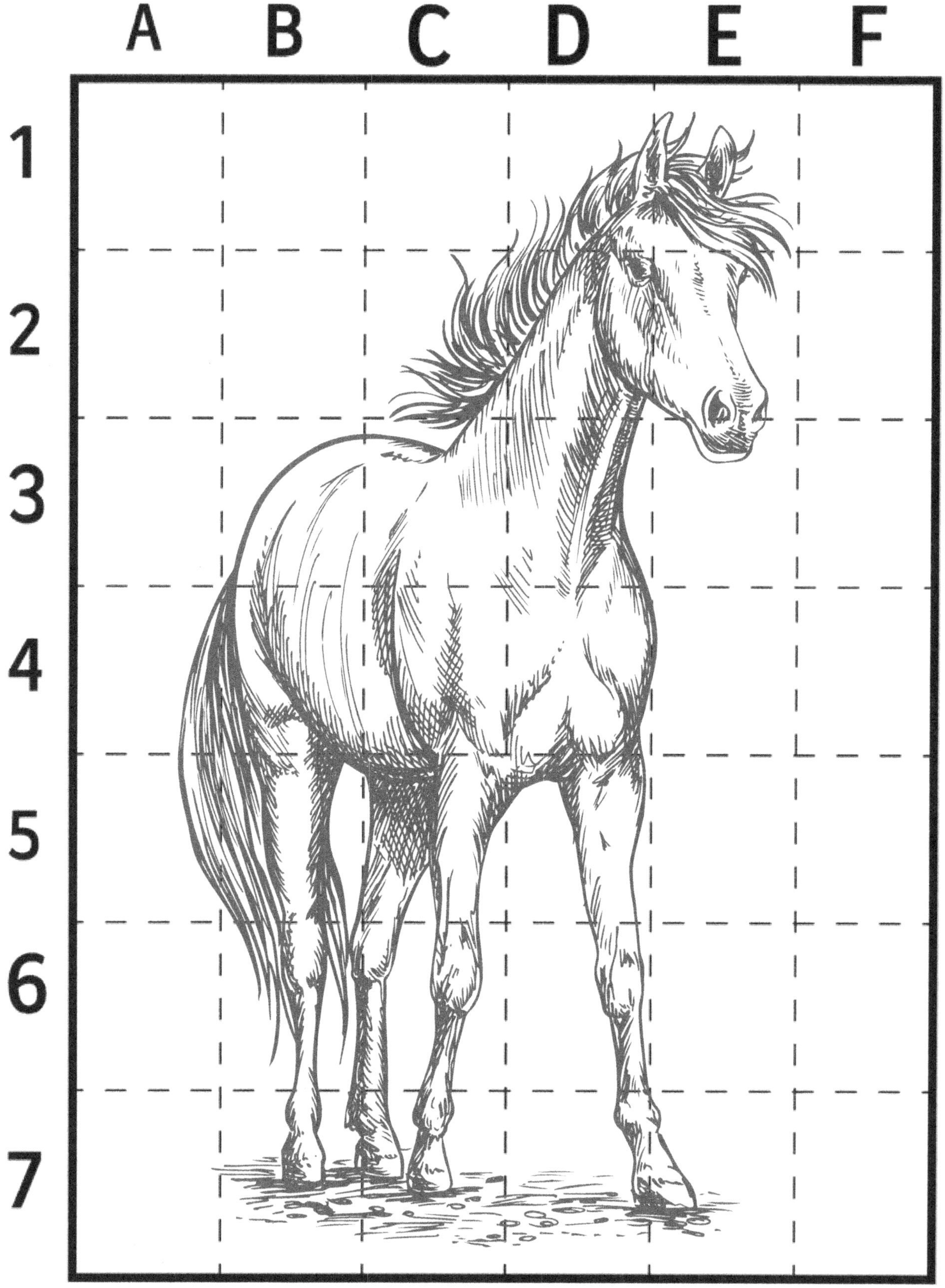

	A	B	C	D	E	F
1						
2						
3						
4						
5						
6						
7						

MODEL #1

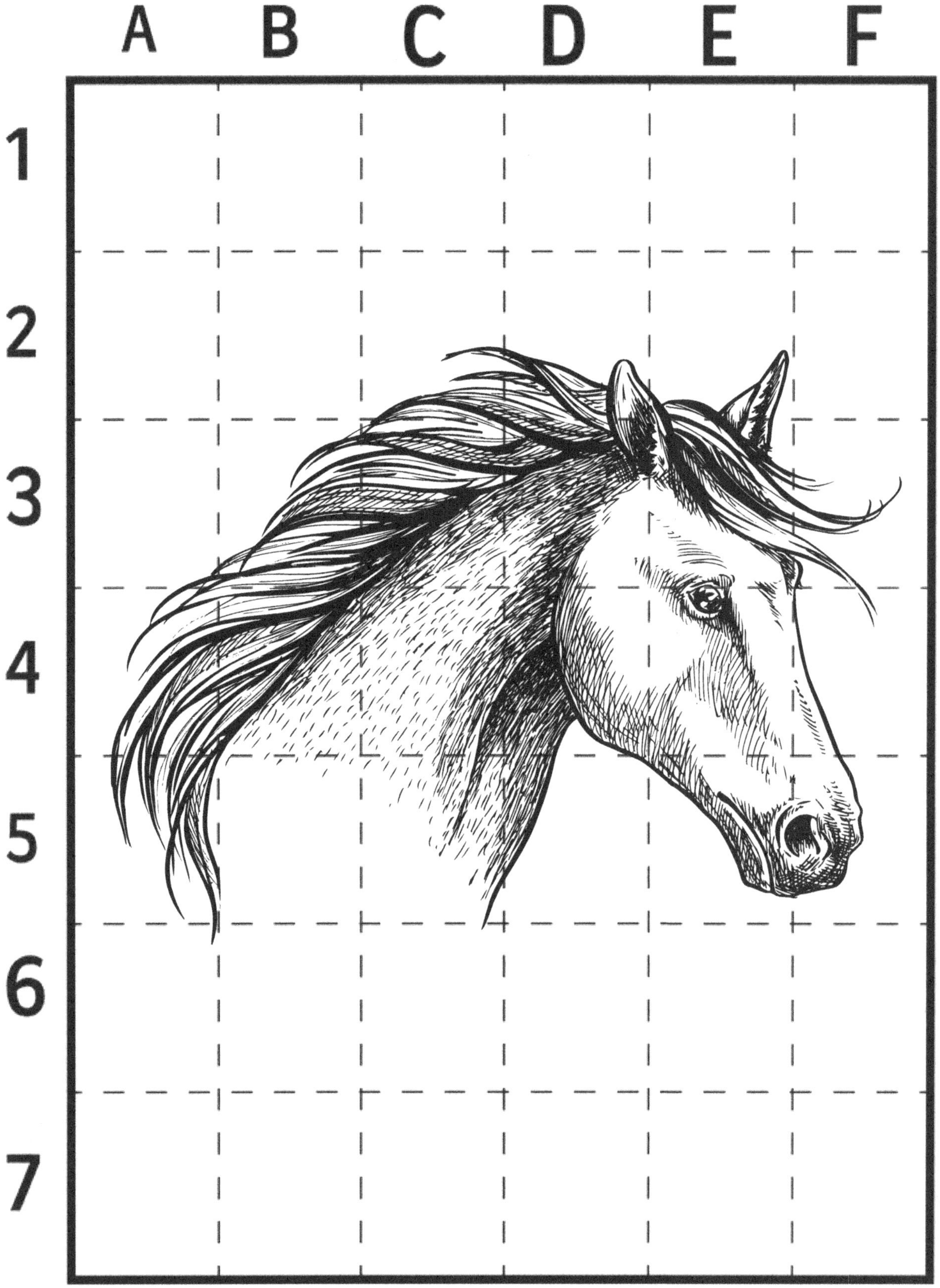

	A	B	C	D	E	F
1						
2						
3						
4						
5						
6						
7						

MODEL #2

	A	B	C	D	E	F
1						
2						
3						
4						
5						
6						
7						

MODEL #1

	A	B	C	D	E	F
1						
2						
3						
4						
5						
6						
7						

MODEL #2

	A	B	C	D	E	F
1						
2						
3						
4						
5						
6						
7						

MODEL #1

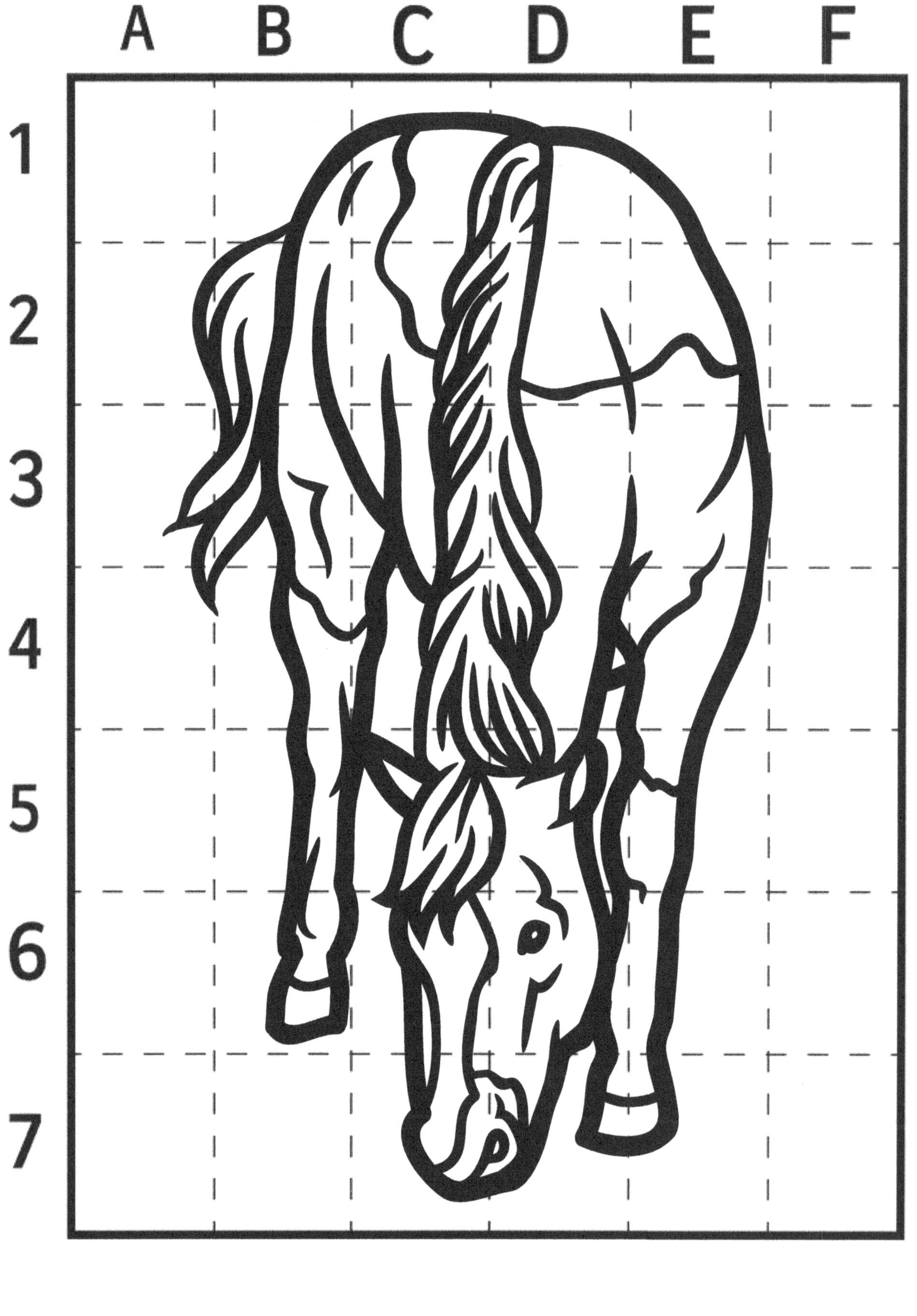

	A	B	C	D	E	F
1						
2						
3						
4						
5						
6						
7						

MODEL #2

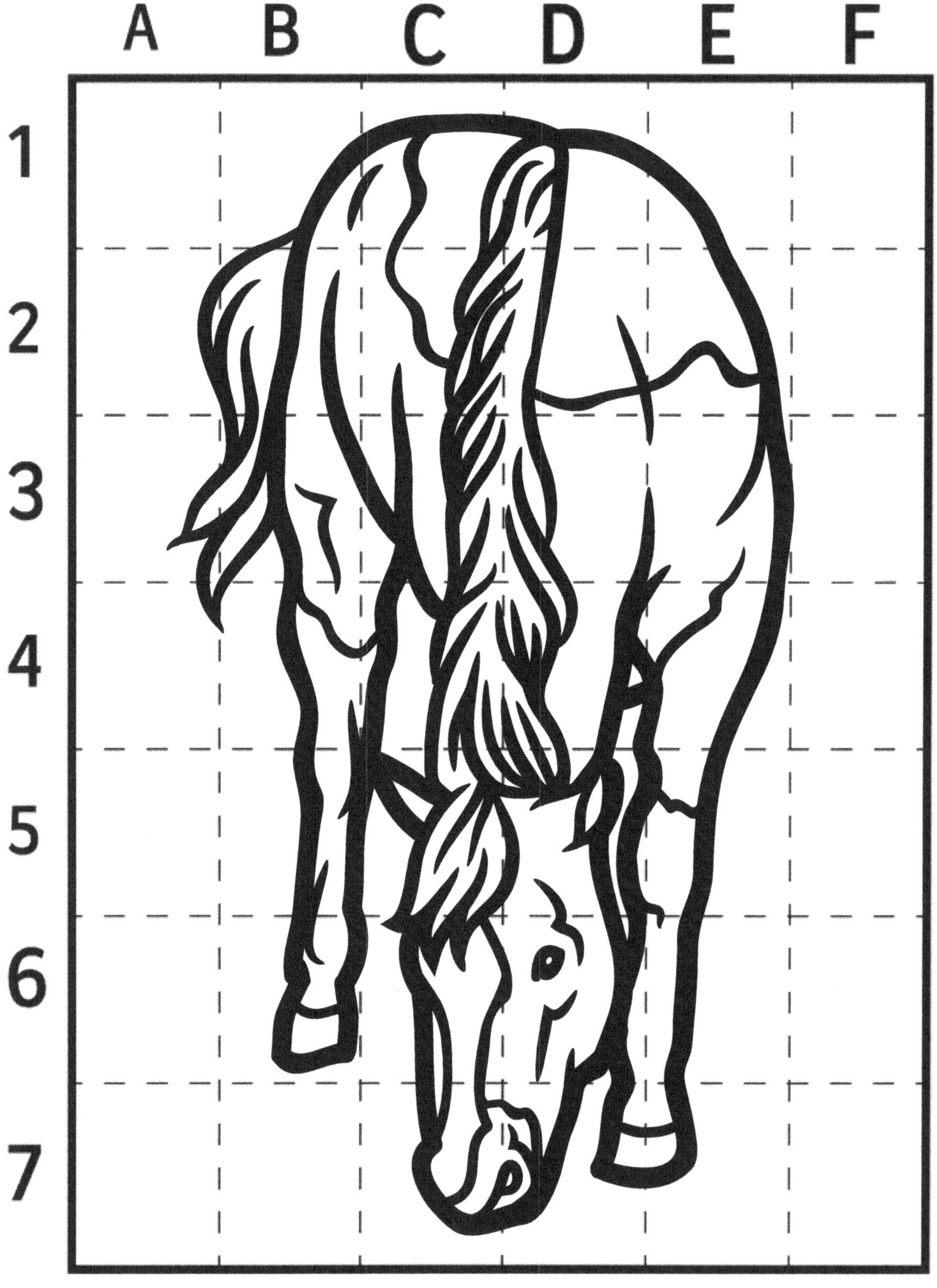

	A	B	C	D	E	F
1						
2						
3						
4						
5						
6						
7						

MODEL #1

	A	B	C	D	E	F
1						
2						
3						
4						
5						
6						
7						

MODEL #2

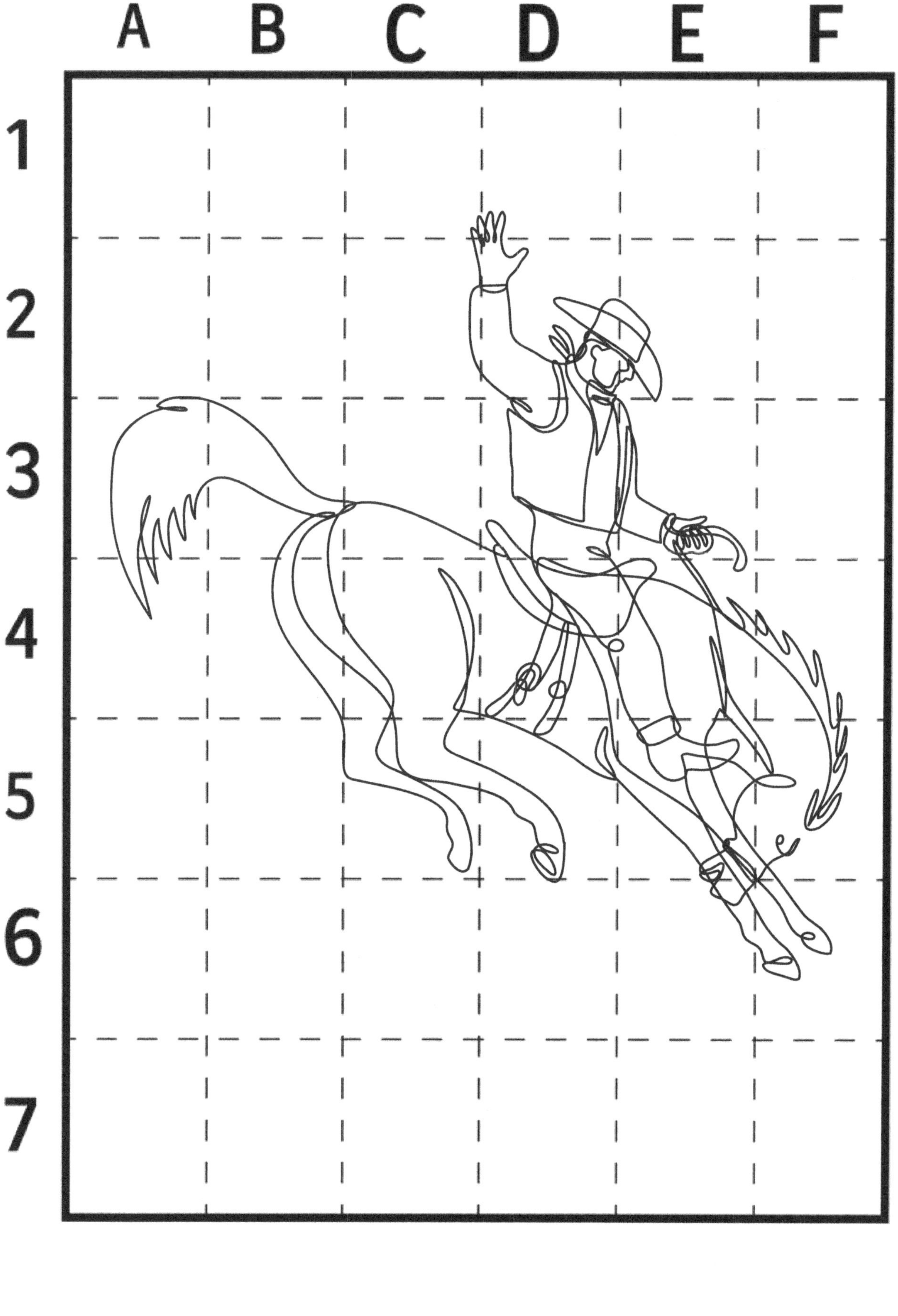

	A	B	C	D	E	F
1						
2						
3						
4						
5						
6						
7						

Made in the USA
Las Vegas, NV
01 December 2024

13053067R00083